世界十大文豪

歌 德

童一秋/编著

■

吉林出版集团 | 吉林文史出版社

图书在版编目（CIP）数据

歌德/童一秋编著.
——长春:吉林文史出版社，2011.1（2023.9重印）
（世界十大文豪）
ISBN 978-7-5472-0413-9
Ⅰ.①歌... Ⅱ.①童... Ⅲ.①歌德，J.W.V.（1749～1832）
-生平事迹-青少年读物 Ⅳ.①K835.165.6-49

中国版本图书馆CIP数据核字(2010)第255391号

歌 德

Gede

出版发行/吉林文史出版社（长春市人民大街4646号）
www.jlws.com.cn
编著/童一秋
责任编辑/陈春燕
责任校对/李洁华
封面设计/新华智品
印刷/北京一鑫印务有限责任公司
出版日期/2011年5月第1版　2023年9月第8次印刷
开本/640mm×920mm　1/16
印张/10
书号/ISBN 978-7-5472-0413-9
定价/45.00元

导 读

歌德，1749 年 8 月 28 日诞生在莱茵河畔的法兰克福市，1765 年遵父命入莱比锡大学学习法律，因对法律毫无兴趣，于是转向文学、艺术和自然科学的学习与研究。1768 到 1770 年，他因病在家。之后转学斯特拉斯堡大学继续深造，1771 年 8 月获得该校博士学位，1774 年完成《少年维特之烦恼》，体现了“狂飙突进运动”的反叛精神。1832 年 3 月 22 日病逝。

歌德是德国最伟大的民族诗人、德国文学史上的泰斗、闻名世界的大作家。他是 18 世纪后期和 19 世纪初期德国启蒙运动的主要代表，在欧洲文学史上他是有名的长寿文学家之一，活了 83 岁。在长达 60 余年的创作生涯中，他写作了大量优秀的诗歌、戏剧和小说，继承和发展了德国文学的成果，把德国文学推向一个前所未有的高峰，为以后德国文学的进一步发展奠定了基础，并对欧洲文学的发展作出了巨大的贡献。

歌德还是一位勤奋的多才多艺的学者、艺术家和科学家，在文艺理论、哲学、历史学、造型艺术和自然科学等领域，均卓有建树。

目　录

歌德传

■

巨人之初

1749年8月28日，约翰·沃尔夫冈·歌德出生于德意志中部莱茵河畔法兰克福市。

在父母的关爱下，幼小的歌德逐渐长大。家庭浓郁的文化气氛给小歌德留下了深刻印象。歌德的父亲不刻意追求房屋外表的雍容华贵，却花了大量精力布置他的藏书室，装备一个收藏同时代艺术家作品的画廊。老歌德的足迹遍及世界各地，因此世界各地的土产和纪念品点缀了“三把七弦琴”的各个房间和宽敞明亮的前厅。在这个小小的博物馆和艺术展览厅内，最吸引歌德的是一套皮拉内西风格的罗马风景画。这位驰名世界的意大利铜版画家、考古学家和建筑师用强烈的黑白对比、精湛的造型技艺表现了气势博大的古代与巴洛克风格的建筑群。歌德久久流连在文化艺术的珍品之中，逐渐陶冶了他不凡的艺术气质。

按照当时所有上流家庭的惯例，歌德从很小的时候起，就受到了精心的家庭教育。他有优秀的家庭教师，尤其注重学习人文科学。他对拉丁文和希腊文有惊人的理解能力。有一次，这位8岁的孩童不无骄傲地在作业本上注明，正式文科中学最高学年的拉丁文练习是他主动抄写下来并翻译出来的。学完古代语言之后，他开始学法文、英文和意大利文，后来又学希伯来语。10岁的时候，他开始阅读伊索、荷马、维吉尔和奥维德的作品，及《一千零一夜》、笛福的《鲁宾逊漂流记》、施纳贝尔的《石堡孤岛》。他也阅读德国民间故事，如《奥伊伦施皮格尔》、《浮士德博士》、《美丽的马洛妮》、《福图纳图斯》以及《永世流浪的犹太人》之类的作品。

除了读书和学习之外，社会发生的重大事件都深深地震撼了幼小的歌德。1755年11月1日，里斯本发生了一次大地震，这作为18世纪最大的自然灾害之一而载入史册的地震对歌德的精神发展具有巨大的意义。歌德第一次看到自然的恐怖之神如此迅速、如此猛烈地施展它的可怕淫威，因而对于天地的创造者和维护者的上帝由此而产生了怀疑。《圣经》里的上帝是那样的贤明和仁慈，在地震中却让好人和坏人一起毁灭，丝毫表现不了一点慈父的心怀。从此歌德的宗教信仰发生了动摇。

1756 年普鲁士和奥地利爆发了七年战争。里斯本地震之后，6 岁的歌德开始怀疑上帝的仁慈，如今他又对公众的正义心开始怀疑。歌德生来喜欢敬重别人，如今他对某种值得尊敬的事物的信念动摇了，可见普奥战争对他的影响之大。从前他一直以为要求他们举止得体、行为端正的人一定也是正派的人，但事实恰恰相反：最伟大、最显赫的功绩常遭到诽谤和敌视，最高尚的行为即使不被否定，至少也被歪曲和贬低，而这种卑劣的行为却是由于出自于上层社会。一些政治关系上司空见惯的小事常常引起他深深的思索。

在法军占领法兰克福市期间，歌德已经尝试写诗了，1759 年 1 月起，他毫不费力写了大量的诗。

在“狂飙运动”中

歌德在1770年的春天，来到了莱茵河畔的斯特拉斯堡。他早就听说斯特拉斯堡有一座雄伟的大教堂，非常渴望看到它，因此，一到这里他马上就跑去瞻仰它。他从很远的地方就看到了这座大教堂，给人的印象是一个奇特的庞然大物，到了近前，更像一个吓人的怪物，让人惊诧，产生一种崇高感。歌德匆忙登上大教堂的平台，向四周看去：那壮丽的城市，那近郊的牧场，那蜿蜒美丽的莱茵河，那远去的绵亘着的田野，那远山森林……这一切使他欣喜若狂，他爱上了这个地方。

面黄肌瘦的歌德，面对着欣欣向荣的春天，他的内心滋生出新的蓬勃的朝气。他决心在这里好好地学习。他在给朋友的信中，曾这样表示：“我不该奉行中庸之道……我要竭尽全力观察周围的事物，并把一切深深铭刻在自己的脑海之中。我要十分专心致志，决不能碌碌无为地过上哪怕一天。我还一无所有，但我已经有获得一切的愿望！而最主要的——我永远不会停滞不前，除非疲惫不堪的精神和身体迫使我这么做……”

歌德来到斯特拉斯堡大学法律系学习，还找了一位老师给他补习功课。这位老师对他说：学习的主要目的是考取法学学位，要努力争取考上。歌德心想，要达到这个目的并不难，只要稍稍地用功补习一下就可以达到。同年9月27日，歌德顺利地通过了硕士学位考试。然后，开始写学位论文。他选的论文题目是国家权力与宗教的关系。他强调宗教要服从立法，这涉及了当时许多实际的问题。当他把论文交到法学院，院长看后，初时大加称赞，继而指出可疑之点，渐渐地认为这里有危险的东西，因此，虽然准许参加答辩并予通过，但不许这篇学位论文公开发表。后来，歌德的父亲知道以后，虽对他大为不满，却很小心地替他保存起来这篇论文。歌德于1771年8月6日得到硕士学位。同时，他在大学学习的课业也结束了。毕业前，系主任把那篇毕业论文还给了他，并冷冷地夸奖了几句，允许它出版。

歌德来到斯特拉斯堡之初，想到自己虚弱的身体，如若不认真锻炼，还有病倒的可能，为此，他经常骑马、击剑、跳舞、滑冰，远距离散步和到野外山林去旅游。这样，经过一年多的刻苦锻炼，他再不是虚弱不堪、面黄肌瘦、精神疲惫的青年，而变成了一个体格健壮、两眼有神、才华外露的青年。

歌德在斯特拉斯堡过着双重性的生活，他一方面要交往上流社会的人，陪他们玩牌、跳舞；另一方面，他又很孤僻，不与他们深交，看不起他们。在社交上自由随便，随心所欲，不愿应酬。

歌德来到斯特拉斯堡后，最刺伤他自尊心的是人们嘲笑他说的法语，将他用法兰克福土音讲出来的法语称为“平民的特殊语言”。傲慢的歌德感到受了侮辱，决心不再学习法语，从今后要认真地学好国语，要做一个真正的德国人，不想倚靠法国人达到上流社会的彼岸。进而，他对人们所鼓吹的所谓“法国精神”也采取了鄙视的态度，他要寻找德国人自己的精神。在诗歌创作上，不再想模仿法国人的风格，要创作真正德国人的文学。这种思想感情的转变，使他不愿意在这个法国统治下的德国城市多逗留，急于回到家乡去。

在斯特拉斯堡，值得歌德永远怀念的是他的良师益友，文学家赫尔德尔。

1770 年 9 月的一天，歌德在一家饭店的楼梯上，遇见一位陌生的青年教士。他披着绸斗篷，下摆撩起，塞进衣袋里，扑了粉的头发卷成一绺盘在脑后。这人的服装虽然有点古怪，但举止却很潇洒。歌德便猜想他一定是《危险森林》的作者赫尔德尔。歌德一年前曾读过他的著作。歌德便主动地走上前与他打招呼，做自我介绍，并表示想要去拜访他。这人就是赫尔德尔。他看见站在面前的透着聪明的大学生有点可爱，就很有礼貌地答应了歌德的请求。

赫尔德尔是到斯特拉斯堡看眼病来的，他住在一家眼科诊所狭小、黑暗的病室里。不久歌德就去拜访他，两人很快地成为了朋友。歌德想从他那里学到一些文学方面的知识。这位作为文学批评家、文学理论家和作家的赫尔德尔也愿意把自己的知识传给他。

赫尔德尔见到歌德以后，在言谈中，很快就发现了歌德的天资，认为他是一个理想的学生。赫尔德尔当时正在写《论语言的起源》，书中反对语言源于上帝，论述了语言的发展，强调学习人民语言。认为语言与文学发展有密切的关系，德国民族文学将会促进德语的发展。实际上这本书讲的是精神史和文学史。赫尔德尔便给歌德讲解这部书，引导歌德研究诗歌的起源和历史。他让歌德阅读从荷马、圣经到莎士比亚，一切有名的作品。还特意给他阐述莎士比亚作品的完美。歌德便开始如饥似渴地阅读莎士比亚的著作，读完后，觉得自己“原来是个天生的瞎子，由于接触到神奇的人而突然重见光明，第一次闯进了辽阔的视野，第一次觉得自己有手有脚”。在莎士比亚纪念日的会上，歌德热情洋溢地歌颂了他所崇拜的莎士比亚，仿佛莎士比亚重新给了他天才，使他定会写出伟大的作品来。他要永远地追随莎士比亚。他说：“凡是有天赋的人，他在生命的历程上大踏步迈进的时候。都会这样大声呼叫——莎士比亚，我的朋友，如果你还活在我们中间，我就永远站在你身边。如果你是奥列斯特，我多么想演一演配角皮拉达。”奥列斯特和皮拉达是希腊史诗中的人物，两人非常友善，因此他们的名字便成了“莫逆之交”的代名词。从这时起，歌德就产生了写《葛兹》和《浮士德》的念头。

赫尔德尔还向歌德推荐了卢梭的作品。卢梭认为社会上的人，应回到自然状态中去，自由平等，发展个性，歌颂自然界之美。歌德本来就喜爱自然风景之美，以为自然有自己的意志，他有着模糊的泛神论思想。因此，他很容易地就接受了卢梭的思想。泛神论就是认为神存在于万物之中，没有什么超自然界的上帝的存在，如果说有上帝，上帝就是自然。这在当时是一种反基督教的反神学的观点。歌德在幼年做小祭司玩耍时，不去祭祀上帝，却要祭祀自然标本，就是一种亵渎上帝的模糊的泛神论思想。歌德在去莱比锡的路上，看到深渊中跳跃的火焰，不把它看成是上帝力量的显现，而说成是自然的独立意志的表现，就是一种反神学的自然观。后来，他又写了一首被人们认为泛神论的诗，诗中连自然神也不提，只讲自然界有永不停息的生命，大到繁花似锦的大地，小到枝头的每一片叶子都是如此，自然界按照自己的独立意志去生存去发展，这就是欢快，就是欢呼，就是歌唱，这就是美满。由此，歌德又从泛神论发展到无神论。他这时还有许多亵渎上帝的言论，因而被一些人称为“狂妄的渎神者”。恩格斯对他这一点曾给予了很高的评价。他说：“歌德很不喜欢跟‘神’打交道，他很不愿意听‘神’这个字眼，他只喜欢人的事物，而这种人性，使艺术摆脱宗教桎梏的这种解放，正是他的伟大之处，在这方面，无论是古人，还是莎士比亚，都不能和他相比。”

赫尔德尔的学问和见解完全征服了自负傲慢的歌德。因此，赫尔德尔虽经常讽刺挖苦歌德，歌德却毫不介意。他觉得赫尔德尔像有才能的魔鬼梅非斯特一样，有一种强大的奇异的吸引力。

赫尔德尔对歌德的冷嘲热讽，完全是善意的，切中了歌德的一些弱点。例如，赫尔德尔看见歌德书架上摆着整整齐齐的装饰很美的书，却不见他看过，于是，就写了一首讽刺诗，表示对这种虚饰和夸耀的憎恶。歌德说：“我既对于他的优良伟大的品性，广博的知识和深刻的洞察力日益敬服，没多久，我便惯于忍受他的叱责和非难了。”

赫尔德尔还是德国“狂飙突进运动”的领导者之一。他自然而然地引导歌德参加“狂飙突进运动”。所谓“狂飙突进运动”，是德国启蒙运动的继续和发展。它一方面要求文学要摆脱封建的束缚，崇尚抒发个人的感情，要求自由和解放，拥护卢梭提出的社会要回到自然中去的口号，颂扬大自然之美；另一方面，反对文学模仿法国的精神和风格，强调继承发展德国的民族精神和民族风格，文学要有自己的民族性。

赫尔德尔来到斯特拉斯堡以后，很快就成为有歌德参加的一个青年文学团体的领袖，使这帮青年成了“狂飙突进运动”中的积极分子。他们主要是先从理论上武装自己，然后，在一起写诗、唱歌、搜集民歌等。他们认为“一个富有独创性的时代”开始了。

歌德生长在法国皇帝统治下的德国，民族自尊心、自信心都很淡薄，追求的是法国精神，模仿的是法国文学。自从接受了“狂飙突进”思想以后，他意识到了模仿法国文学是走死胡同，因而，对法国的精神产生了反感。正是这种转变，使他成了真正伟大的德意志人。

这时，歌德再来看斯特拉斯堡的大教堂，对法国古典主义者认为它是野蛮的、可鄙视的看法极为愤怒。因为这座大教堂带有德国的民族传统，是值得德国人骄傲的伟大建筑。为此，他专门写了一篇论文，题名为《论德国建筑学》，颂扬了这一建筑。他说：“我既发现这个建筑物是在古德国的基址上建立，并且在真正德意志的时代有那样的成就，连那朴素的墓石上的建筑师的名字也是祖国的读音和来自祖国的语源，我为这个艺术品的价值所激励。历来误称它为‘哥特式建筑’，我要大胆地把它改称为‘德意志式建筑’。此外，我却少不了先在口头上，继在一篇献给斯坦巴哈的论文中把我的爱国思想披沥出来。”

歌德的这种思想飞跃，使他对未来充满了坚定的信心。他这时想起一句古老的德国格言：“一个人在青春时期所企望的，到晚年便得到了丰收。”他在解释这句格言时说，如果一个人所处的正是创造胜于破坏的时代，他能感受到这个时代要求的是什么，最终的目的是什么，那么，他努力去做，就定能够达到。即使因个人的力量不足或其他种种原因一时未能达到，也会有众多的人努力去做，把它实现。你也能从中感到幸福，这是人类集合的力量。“感到人类集合起来才是真正的人，个人唯有觉悟自己是融合在全体之中，他才能愉快幸福。”

在魏玛的十年

1775 年 11 月，应魏玛公爵夫妇之邀，歌德前往魏玛。

魏玛实在是一个不起眼的弹丸小国，魏玛城则更是一个介乎村庄和宫城之间的地方，仅有居民六千人。自给自足的小农经济使小公国到处洋溢着得意洋洋的自满情绪。但它却是四处碰壁的文人的较为理想的去处。丈夫早亡的女公爵阿玛丽亚酒足饭饱之后，颇有些被“啊——啊——”堵塞的情绪冲动，因而花了大钱延揽一些文人骚客为她疏导情绪。当时一些文艺界知名人士如维兰德、克内贝尔等人便通体舒泰地簇拥在她的周围。

歌德 11 月 7 日到达魏玛城时，她刚让位给儿子卡尔·奥古斯特不足两个月。卡尔·奥古斯特自幼耳濡目染，也是一附庸风雅的文坛的边角料，加上初踏政坛，治国平天下的雄心大作，招揽天下英才之心如饥似渴。而在文坛如日中天的歌德无疑为首选，恰恰有两次不期而遇，仿佛上苍的有意安排，成全了年轻公爵的如意算盘。——以后他肯定是有了悔意：文人治国，尤如懒汉持家，全是望梅止渴的把戏，搭建的都是空中楼阁，自古而然，但这又不全怨得文人，怨谁？

偏偏歌德又是一位过于聪明的文人。他穿着一身惹眼的维特服进城，当即就引得公爵母子库存不足的情感剧烈发作，阿玛丽亚几乎感激得痛哭流涕。于是歌德经历了一场他有生以来第一次受到的热烈欢迎的场面。

歌德感动得有点不能自持，仿佛过去的磨难都得到了补偿似的，他妄言他的将来会“万事如意”，生活会“悠然起伏，铃声悦耳”。不愧是文人，一件微不足道的小事就能使他满足，但也极易变为失望。

一段时间里，歌德体内多年郁积的苦闷淋漓尽致地发泄着，几乎不用费力地略施想象，魏玛公国就成了地狱中的天国。没完没了的狩猎，与得意忘形的乡村姑娘的翩翩起舞；此起彼伏的冰上舞蹈，假面露天晚会……。歌德简直是一位快乐天使，惊得孤陋寡闻的魏玛贵族王公们目瞪口呆。奥古斯特公爵目不暇接地看着歌德层出不穷的花样，佩服得五体投地，他私下对宫廷教师维兰德说，没有歌德，就不再出游。可怜的奥古斯特，魏玛公国的一国之君，尾追着歌德不放，甘愿做歌德的一道影子。

宫廷里的不满开始向外界渗透——王公贵族们几乎同时发现后院起火，夫人争着吵着要参加歌德的游戏，迟迟不愿归家，归来后也兴犹未尽地左一个歌德右一个歌德，家里的火药味日渐浓厚，而村姑们也着了魔，宁愿抛了家务去大饱眼福——他们夸大其词，说歌德显然带来了某种古老而荒诞的妖术。好在奥古斯特公爵母子都是着魔者，而且程度最深，宫廷里的流言便知趣地自我收敛了。

两个月的狂欢是一场序幕，歌德似乎有意以此作为他在魏玛亮相的开端。他是这些狂欢活动的称职的首领，追随者光芒四射的眼睛就确证了这点。

歌德舍不得离开魏玛了，他测出了魏玛人激情的深度，眼前总有一位大人物在晃动，这位从他心底走出的大人物将在魏玛的舞台上大显身手，而魏玛人总是会准备好雷鸣般的掌声。公爵也将会是一位忠实的观众，正如现在。

他踌躇满志地想对治国安邦一试身手了。而年轻的公爵刚爬上钦佩他的心理顶峰，当年 6 月至 1776 年 6 月，不顾一些大臣的反对，任命他为枢密院参事。六年后，又为他申请了贵族称号，从此，歌德的名字前多了一个字“冯”。

权力和幻想结合了，却没有结出预想的硕果。在一切触及当权者的既得利益方面，歌德的幻想都一一破灭了，尽管他小心谨慎地伸出触角，但那触角都撞上了公爵身边密布的长矛，不得不痛得缩了回去。只有在具体的工作中，如矿业总监、军政大臣、筑路大臣、财政大臣时，他才有限地发挥，取得一些并不骄人的政绩。在魏玛公众的印象中，歌德正日益灰暗，远不抵乍来时善于煽情的形象鲜明。在他昔日的伙伴与同道者眼中，歌德也正令人惋惜地滑向封建统治者的怀抱。朋友伦茨走了，后因精神病了却残生；诤友克林格尔也走了，怀着对宫廷畏缩的歌德的厌恶与失望；克洛普施托克愤然与他断交；赫尔德尔则沉默着，两眼漠视着歌德……这期间，他的妹妹与父亲也相继于1777年和1782年去世了。

歌德两面背敌。一面是魏玛的大臣们充血的眼睛，眼睁睁地看着歌德官职的升迁与两倍于他们的薪俸；一面是昔日为他呐喊鼓掌的同道们鄙夷地旁观着他的"堕落"。因此，除了工作上必须的交道外，他几乎不见任何人，他过着一种不被人理解的两重生活——"我的政治上的和事务上的生活同我的道德上的和诗的生活是完全分离的，"——一种极具东方色彩的所谓外圆内方的生活。"邦无道，危行言孙"的西方孔夫子形象呼之欲出，但歌德的言行却证明他顶多是西方二流的孔夫子，并未得中国孔夫子真传：他小心翼翼地侍奉着公爵母子。其谨慎之极简直令人由可怜至厌恶；1779年被任命为枢密院顾问时，他之狂喜溢于言表："真像做梦一样，在我30岁的时候，我得到了一个德国公民能得到的最高职位……"

然而，两种完全分离的生活只是他主观的良好愿望，他的心头始终埋藏着深深的不足与外人道的不安。从来就被朋友羡慕"不用考虑怎样挣面包"的歌德总是爱注意农夫、矿工、猎人怎样辛劳地挣面包，而且常常挣不来，这真是让人无可奈何的悲哀，还遑论什么理想、道德？比动物还不如。而公爵醉心的却是风流韵事、狩猎饮酒，仿佛他一人吃饱，全国不饿似的。但唯因他不是一个十足的混蛋，对歌德宠爱有加，歌德也就心存幻想，企图裹挟着公爵向理想主义冲击。公爵却懒得动步，一切都再理想不过了，只需要歌德帮着点缀点缀；王公贵族们则惶恐不安，生怕他会把既定的生活搅得天翻地覆。而且歌德确也没拿出什么像其诗一般富有诱惑力的纲领来，有的只是对个体的远景式扫描。这个中原委除了诗人规划的太多易被自己动摇的诗意外，还不排除他过于敏感的眼睛：风吹草动只能为自己造就上下左右掣肘的政治环境以及泥淖似的道路。想象在现实中无插足之处，只好退回到内心，在诗剧《伊菲格尼》与《颂歌》中对现实做迂回的非分的想象。

歌德仿佛从“狂飙突进”中隐退了，站在了渺小与伟大的交界处。其实，在“狂飙突进”中，他已自觉地抽身了，他已清醒地认识到那只是一场文艺革命，而对于反对旧势力的斗争，50年太短，而且战火会在更高的领域漫延，来不得半点急功近利。至于《少年维特之烦恼》，他只是迫于内心要倾吐的愿望，那些无所事事的文评家的无限上纲的吹捧，他乐于接受，但又绝不承担什么责任。

魏玛十年，他几乎被众口一词地斥责为“渺小”，仿佛他一生下来就是伟人，而伟人总是被界定为不是人一样。大概是这些评论家们感到无从发挥，不如“死谏”“抗争”“悲惨命运”给他们创造的说大话、挣稿费的机会多。而这些人，几乎都是思想与行动上的双料侏儒。很难想象，一个伟人，如果没有像样的自身生活，其伟大性会有多少可信之处。伟大，应当是丰富的单纯，复杂的高洁，劣根性与优越性的合力，箭头指向未来。

可幸的是，在魏玛，不仅有公爵母子的用心不明的呵护，歌德还遇上了冯·斯泰因夫人，须臾不离爱情的“歌德式生活”算是又有了眉目。

其时，斯泰因夫人与丈夫御马总管过着富足太平却缺乏梦幻的日子。丈夫整日与动物之善者——马打交道，因而性格上倒超脱于一般的王公大臣，保留着通常人所不抵的不独属于动物的优点：善良、耿直，但这些优点在斯泰因夫人眼中却无足轻重。她琴棋书画都略知一二，雅人自扰的本事远在丈夫之上，但身心却已深入冬季：生过七子的身体常常受病菌的骚扰，所有的不满与渴望都自觉地处于克制状态，不算漂亮的脸上潜伏着深刻的忧郁，热情却蕴积在眼角，时刻想发芽。她在耐心地等待着，等待着一位不用介绍就能读懂她的全部的读者的到来。

歌德是解读女人的能手，以至于晚生海涅恨他恨得咬牙切齿，大骂其只知吻女人的香唇。但斯泰因夫人却并不像她的前几位，如激情主义的抒情诗，她仿佛知道如何对待歌德：冷静而不乏激情，亲热又不失距离，她以自己的言行为美作了一相对完美的注脚。因此，从1776年至1788年十二年间，两人的交往也没引起多大非议。在这十二年间，斯泰因夫人的情感几经大起大落，青春期的最后骚动被歌德的一千多封书信有效地平息了，终不失贵夫人的身份。而且还为魏玛留住了歌德，为歌德留下了《意大利游记》和四十余首抒情诗。

当初，他与斯泰因夫人的交往就被友人警告为“冒险”，但他却并未感到冒险的巨大欢乐。一个颇为自持的有夫之妇所能给予的远远不能满足歌德，尽管歌德在献诗中说：“我的生命也完全仰仗着你，”但这只是诗人的诗的语言，与歌德已隔了一层，好在斯泰因夫人并未全信，她始终脚踏魏玛那块庸俗的土地，未敢抬脚蹈空，除了放纵一下思绪。歌德也未全信，他选择了出游——一是找回一下浪迹天涯的感觉；二是为了与职务有关的科学研究的兴趣。但短暂的出游并不能了结思想上的愁结。

歌德变了，浑身甲胄，外表像一个戚戚小人。他不得不考虑再一次出游，从甲胄中，从魏玛半死不活的氛围中出逃，否则，他是万难新生的。

漫游意大利

歌德在魏玛从政期间，主要精力都放在管理国家大事上，但也进行了一些文学创作和科学研究。他研究过地质学、矿物学、植物学。在科学上有重大发现。

歌德把当时的魏玛剧院看成是他施展艺术才能的地方。他写的《葛兹》《哀格蒙特》等剧,都在这个剧院演出过。在上演由他编写的《伊菲格尼在陶洛斯》时，他不仅担任导演，还亲自饰演男主人公奥列斯特。女主角则由著名的女演员科罗娜担任，扮演伊菲格尼。某位亲王演皮拉达。宫廷侍从官克涅别利演福安特。不说剧情怎样，光这些演员就很吸引人。歌德经常在这个剧院里自编、自导、自演，很受观众的欢迎。演出时，他穿着古希腊式的白色短长衫，像古希腊神话中的阿波罗，雄健优美。演伊菲格尼的科罗娜，穿着女祭司的长袍，庄重素雅，很像古希腊的女神。两人的精彩表演，博得观众热烈的掌声和喝彩。

《伊菲格尼在陶洛斯》是歌德来魏玛后的第四年写出来的。他所以要写伊菲格尼，是他发现他的朋友冯·斯泰因夫人身上那种忧郁的沉思，那忍受痛苦的精神，那舍己助人的善良品格，很像古希腊神话中的伊菲格尼。经常和他一起排戏的女演员科罗娜，她那古希腊女神的脸型和比例和谐的优美的身段，也像伊菲格尼。于是他便把斯泰因夫人的内在美和科罗娜外在的美融为一体，塑造了伊菲格尼的形象。另外的一个原因，他觉得这里的环境鄙俗，人与人之间缺乏真挚的情感。他想借伊菲格尼在祭坛上救出即将被杀死用来祭神的亲弟弟的故事，揭示出人类的天然关系和高尚的感情，唤醒观众的天良和人性。

歌德的国务活动很忙，他往往安不下心来进行写作。他在写《伊菲格尼在陶洛斯》时，为了排除各种干扰，在创作的六个星期内，特意请来音乐师给他演奏。歌德说："那些美好的声音终于逐渐地把我的灵魂从记录与文件的枷锁中解放出来。隔壁的那个绿色的房间里，正在演奏着四重奏，我倾听着，悄悄地招引来一些遥远的形象。"《伊菲格尼在陶洛斯》的人物形象也就栩栩如生地产生在他的笔下。

此外，为了节日演出之用，他还编写了许多应景的剧作，这些剧多是半悲半喜的滑稽剧。

为了使魏玛剧院成为一流的剧院，他对剧院的建设、演员的培养、演出的效果，都极为关心。扮演伊菲格尼的女演员科罗娜，就是他从莱比锡请来的。科罗娜原来是一个女歌手，他看她具有演员的素质，就把她从莱比锡带到魏玛，经过精心的培养，科罗娜终于成为名演员。

后来，在他担任文化大臣时，便直接地管理了这个剧院，苦心经营了三十多年，花尽了心血。当1825年这个剧院被大火焚毁时，他非常痛心。午夜，他被救火的嘈杂声吵醒，他从窗口望见剧院的上空烟火升腾，接着，他的小孙子跑来告诉他剧院失火了。他望着烟火弥漫的夜空，往日的演剧排剧的情景又浮现在心头。他神情发呆，身子在微微地颤动，很久不说一句话。随后，温克尔曼先生来看他，向他报告了剧院起火的情形，他眼角流出了泪水，嘴里不断地喃喃着，"人的遭遇就是这样的惨啊！"

歌德从小就喜欢画画，在莱比锡又跟美术教授埃席尔学过绘画知识和技巧，画出来的画，虽然不像他写的诗那样精彩，但也看得过去。到了魏玛，他整天忙于公务，每当感到疲劳或心烦意乱时，就以绘画为兴奋剂或镇定剂。有时整天地画画，主要画大自然的风景。他幽默地说："画画——这是我的橡皮奶头，就像人们给婴儿的那样，含着它，婴儿就不再啼哭，渐渐入睡，他还以为含着奶似的。"他还说他得了一种"绘画狂"的病，经常要发作。他提倡人们去学绘画，因此，他特别关心魏玛美术学校。当他得知美术学校的一些老师和学生不懂解剖学时，就想给他们开这门课程。他在莱比锡学习过解剖学。为了开好这门课，他又跑到耶拿大学复习解剖学。他非常运气，正赶上这里要解剖两个青年人的尸体。他参加了整个的解剖工作。他这时忽然想起一个科学命题，就是一些学者认为人与动物头骨的区别，就在于人没有颌间骨，另一些学者则反对这种看法，认为人也应有颌间骨，只是还没被发现。于是他拿来动物的头骨和这两个人的头骨相比较。从而发现了一个颌间骨的痕迹。他为此写了一篇学术论文，轰动了自然科学界。这让他觉得“他一生中最幸福的时刻就是做出了科学发现的那一刹那间”。

他闯入了自然科学领域，大胆地提出人也有颌间骨，并声明：“根本无法找到人与动物之间在骨骼上的任何区别。”这立刻招致学术界的许多人的反对。事隔一个世纪之后，他的这一科学发现，才进一步被证实。

在 37 岁的歌德身上，作为魏玛大臣的庸人和作为诗人的伟人，两种截然相反的思想品格展开了激烈的斗争。一个只想屈从鄙俗的环境，谨小慎微地维护那高官厚禄的地位，贪图过着那种养尊处优、无所事事的安逸的蜗牛式的生活；另一个却厌恶这一切，要求还其诗人的自由，到广阔的天地里去，过那丰富多彩的生活，创作具有叛逆精神的伟大作品。这个一无所有的伟人，要想战胜那个官居显要，有权有势的庸人，谈何容易！世上有谁肯轻易地放弃到手的荣华富贵呢？精神的力量是伟大的！他居然做了凡人所不能做的事。为了追求精神上的解放，他要弃官做自由的诗人了。

歌德向魏玛君主请了一个不定期的长假，他要自由、安静地生活一段时间。也想利用这段时间，到他向往已久的意大利去旅行。用新鲜的空气来恢复他的身心健康，用新的环境、新的印象来启迪自己的心灵。他还准备在异国他乡的罗马住上几年，安安静静地将自己的著作编成选集出版，甚至他还打算在那里度过后半生。

歌德于 1786 年 9 月离开魏玛，没有带侍从和仆人，只身一人，穿着普通人的衣服，隐姓埋名，自由自在地上路了。他先到了风景秀丽的阿尔卑斯山。雪山、森林、山溪、草地、多变的奇峰怪石，美丽的大自然使他像孩子那样狂喜。他大声地喊着："大自然是我的故乡！""我又回到生我养我的地方！""啊！大自然，你给了我第二次青春！"他在这里还捡到一块嵌着碧石的石英石，闪闪发光像宝石一样。他一边研究它的构成和特质，一边玩赏着。他把它带到意大利，后来又带回魏玛，像一件珍品那样收藏着。

他翻过了阿尔卑斯山，穿过了勃伦纳山口，来到意大利北部的一个小城镇——维琴察。他在这里逗留了几天。他换上意大利市民穿的衣服，整天地逛市场，和市民聊天，跟孩子们一道玩耍，像一个游手好闲的流浪汉。

他没有带仆人，穿衣吃饭，住店乘车，花钱记账，什么都得自己干。开始他觉得笨手笨脚，慢慢地便熟练起来，人也变得活跃了。他深有感触地说："如果一个人倚仗着别人服侍过活，就会提前变得衰老！"

接着，他又来到意大利水城——威尼斯。这里有哥特式、文艺复兴式、巴洛克式的大教堂，有钟楼，有宫殿，有修道院，像一座建筑的博物馆，他对这些建筑赞扬备至。由于急着去罗马，他只在这里住了两个星期。因此，在经过斐拉拉、波伦亚、佛罗伦萨等地时，都是走马观花地一掠而过。

歌德在从威尼斯到罗马的路上，在同车的马车里有一个出版商。他认出歌德后，就很有礼貌地问歌德："您是《少年维特之烦恼》的作者吧？"歌德看了他一眼，见不认识，忙摇头说："不是，您认错人了。"那商人又上下打量着歌德，不死心地又问："您一定认识歌德吧？""不，不，不认识。"歌德把脸扭向车窗外，不再理那商人。他决心在这次旅行中隐姓埋名到底。他还想好，到了罗马，尽管他的身份和名气可以受到上流社会很好的招待，但他决不愿那样做。他到了罗马后，自称是画家麦列尔，借住在画家季什别因的家里。

歌德一到罗马，立刻就去瞻仰梵蒂冈的圣彼得大教堂。这是世界上最大的天主教堂。他后来说："这建筑使我懂得了什么是严肃和伟大。"这一建筑所体现出的不同风格间的统一和比例的和谐，使他联想到音乐。他想：有人说建筑是凝固的音乐，真是这样的。当他漫步在宏伟的广场时，排列整齐的石柱，参差有序的石阶，各式各样的喷泉，有机地组成一个整体，有强烈的节奏感和韵律感，使他仿佛听到一首旋律优美的交响乐。他说："建筑所引起的情趣接近音乐效果。"

歌德来意大利的目的主要不是游山逛景，而是学习。他学习的兴趣很广泛。他要学绘画、雕刻、戏剧、音乐。还要研究矿物、植物、气象、建筑，以及意大利城市的诞生和发展历史。他住在画家季什别因家里的目的，就是想在这里学习绘画。

歌德过去主要是画大自然的写生画。来到意大利以后，他准备学习画人物画。他凭着过去学习的解剖学知识和绘画的技巧，采用一种浓涂的笔法，画了一些人的头部和躯干。他除了去观赏一些名家的绘画以外，还跑到西斯廷教堂临摹米开朗基罗的《末日审判》。后来他在晚年谈到欣赏绘画时，还想起名画对培养欣赏能力的重要性。他说："要培养我们的艺术鉴赏力，必须观赏最好的作品，用它打好欣赏的基础，就有了衡量其他作品高低的标准。"他在这里还画了一幅《罗马狂欢节》的人物画。他也经常出去画写生，也请一些画家来和他探讨绘画艺术。这里的画家把他看成是一个有教养、平易近人的德国画家。

歌德承认自己不通晓雕刻，但他希望上帝能给他一双雕刻家的手。他观赏了米开朗基罗的著名雕刻。他对圣马可教堂里用古典手法雕塑出来的马备加赞赏。

在季什别因家中有两座复制的古希腊雕像，歌德经常欣赏。他有时站在妇女保护神约诺像前，久久地凝视这洋溢着生命气息的雕像，自言自语地说，他真美，像荷马诗歌一样地让人不可思议；有时，他又站在蛇发女怪麦杜莎的雕像前，看去，她像是在浑身颤抖着，动摇在生与死的瞬间，仿佛从那大理石的纹路中能窥见隐藏在里面的一颗灵魂。他从这些雕塑中寻找到一些创作规律，试着雕塑出了罗马神话中赫尔克斯的头像。虽然别人说这头像雕塑是成功的，但他还是自认为没有雕刻的天才，不再想成为一名雕塑家。此外，他还认真地学习古希腊雕刻的历史，学会确定各色各样的古希腊雕像和刻成图画的宝石所从属的年代。

歌德对植物向来有兴趣，从魏玛到意大利，他一路上搜集了许多植物标本。当他在西西里岛上第一次看到棕榈树的时候，觉得棕榈树的形状很像原始植物的样子，进而发现亚热带的植物多是这种形状。于是他研究起原始植物和植物演变的历史。后来回到魏玛，他还兴致勃勃地跟席勒讲起研究原始植物的成果。他在西西里岛时，一心研究那里出产的黑麦，连这里的古都锡腊库扎都没能去。他第一次见到大海时，使他最感兴趣的不是大海本身，而是海里的多汁的海藻。他与别人一谈到植物，就兴奋地说："在我身上活跃着一个植物王国。"他在晚年，对植物学作出了贡献，除了编写了一整套有关植物分类的书以外，还提出一个大胆的科学论断：一切动植物也许都是从一种原始的形态中发展起来的。他在葡萄园之中的多尔布格宫居住时，还写了一篇葡萄栽培新方法的文章。

歌德在意大利逗留期间，还特意跑到伊麦纳乌采石场去考察。他带着地质学家用的小锤子，钻入地下的矿洞里，采集各种石头的标本。他曾三次到维苏威火山区，观察研究火山喷发出来的熔岩。从此以后，他一直与一些研究地质的学者有联系，与他们交换一些有关地质矿物学的看法。1825 年左右，地质学家们把找到的针铁矿，称之为"歌德矿"，以它作为歌德研究地质学功绩的标志。

关于建筑学，歌德从小就喜欢，上大学时曾写过《德意志建筑术》的论文。为他的父亲设计过家里房屋的建筑蓝图，为斯特拉斯堡乡村的牧师设计过住房蓝图，也为改建魏玛宫殿画过蓝图。这次来意大利，他详细地观察了这里的各种建筑。使他喜欢的是古希腊古罗马时留下来的古代建筑。这种建筑明朗、安详、端庄，比例单纯和谐。他跑到帕斯顿姆，观看波赛顿（海神）

神庙，看着那些折断了的多立克式的石柱。他呆坐在石阶上，想象着产生这种建筑的那个遥远的世纪和这座建筑当时的情景。为了进一步了解这些古建筑，他曾把自己关在屋子里，专心致志地阅读了一本奥古斯都时代（即古罗马时代）的建筑术书。

歌德认为从魏玛到意大利南端要经过几个气候不同的地区，顺路正是研究气象的好机会。他发现天空中云的变化与风雨阴晴等气候现象有密切的关系。因此，从魏玛一出来，就注意观察云空，每天记录云的变化与气候的关系。他想编写一套有关气象理论的书。他在晚年，更深入地研究了天文气象。他对朋友说："我很幸福，脑子里出现了整个宇宙的问题。要观察它们无异于要重新开始度过自己的一生。"

歌德说他是一个勤奋地自学自然科学的人。"因为自然科学可以揭示真理，世上没有比真理更伟大的东西了。就连最微小的真理，其中也包含着伟大。"他愿意把自己的生命献给真理。恩格斯说：歌德"过于博学"，确实是这样的。

歌德在这次旅行中，由于热衷于自然科学的研究，影响了他的文学创作。他本来想在这里动手写好《浮士德》。他买了许多稿纸，也试着写了两场，但写得不好，很快就扔掉了。他在意大利期间，只出版了选集和修改了《伊菲格尼在陶洛斯》《哀格蒙特》和《塔索》等，而诗歌写得很少。

因此，有人责备他，说他不应浪费时间去研究自然科学，而应集中精力写诗。还说，有了自然科学的头脑不利于写诗。然而，他却不这样认为，他坚信自然规律与艺术规律之间有一种必然的和谐关系，相互之间不是排斥的，而是相辅相成的。为此，他后来写了一首诗，题名为《自然与艺术》，通过诗的形式发表了这种看法。诗中说：

自然和艺术，好像互相躲藏，
刹那之间，它们又碰在一起；

我也感觉到对立已经消逝，

两者对我的吸力仿佛一样。

在意大利两年了，埋在他心底的那个庸人的歌德又复活了。具有青春活力的歌德，忽然觉得自己衰老了，觉得自己最多也只能活十几年，死亡的情绪笼罩着他。他想回到德国，回到魏玛。

在即将离开罗马时，他满怀忧愁地画了一张坟墓图。并希望他的坟墓要安置在罗马城内的米斯季什金字塔附近。无论他死在哪里，都要埋葬在这里。

巨人之间的沟通

歌德与他同时代的有名的音乐家都发生过一些关系。

歌德在 14 岁时曾听过莫扎特的演奏，当时莫扎特刚 6 岁，他那非凡的演奏不仅使歌德感到惊奇，而且他那副卷发佩剑的小大人的模样，也给歌德留下了深刻的印象。歌德在晚年看了莫扎特谱曲的歌剧《魔笛》以后，有一回，在和爱克曼聊天时，又提到莫扎特。他钦佩地说："莫扎特的音乐才华永远是一个无法解释的奇迹。我们只能对他的非凡才能徒感惊奇，却无法知道这才华从何而来，或许是老天爷创造的奇迹吧！"爱克曼问："这才华是天生的吗？"歌德回答说："才能当然不是天生的，不过要有一种适当的基础，一个人是头胎生的还是几胎后生的，是父母年轻力壮时生的，还是父母衰弱时生的，并不相同。"接着又说，"值得注意的是，在各种才能之中，音乐才能在幼小的年龄就显露头角了。例如莫扎特在 5 岁，贝多芬在 8 岁，洪默尔在 9 岁，就以音乐演奏和作曲博得亲戚和邻居们惊叹了。"

贝多芬比歌德小 21 岁，他在波恩上大学时，也很喜欢诗歌，当法国巴黎人民起义，攻占巴士底狱的消息传到波恩时，激起了他如醉若狂的革命热情。他写了一些慷慨激昂的革命诗歌。当时，贝多芬也读了歌德和席勒的作品。他给朋友写信时说："歌德与席勒，是我在奥西安与荷马之外最心爱的诗人。"他称赞歌德是伟大、庄严、D 小调式的人物。他曾热情地把歌德的抒情诗《五月之夜》《赠彩绘带子》《恋人之旁》《憧憬》《土拨鼠》等谱了曲。

1808 年，歌德的女友别蒂娜给他写信谈她对贝多芬的看法时说："当我初次看见他时，整个世界在我面前消失了，贝多芬使我忘记了世界，噢！歌德！……我敢断言，这个人物远远地走在现代文明之前，而我相信我这句话是不错的。"别蒂娜是一个很有才华和见识的姑娘，年近花甲的歌德很佩服和信任她，这使他增加了对贝多芬的好感。

贝多芬在1811年左右，怀着激情给歌德的《哀格蒙特》谱上曲。他听到这个消息后，立刻声称要在魏玛上演。他给贝多芬写信表示对他的衷心感谢，并希望听到他本人演奏大钢琴。后来，他听到了《哀格蒙特》的乐曲。他称赞说，这部乐曲是一位伟大的天才写成的。

1812年，在波希米亚的浴场特普利策，歌德与贝多芬又见面了。他们在一起度过了三四天。在一间租来的小陋室里，贝多芬坐在一架肮脏的旧式大钢琴旁边，头发蓬松，面容苍白，身体衰弱，耳朵半聋，但手指却在琴键上像疾风一样地掠过……歌德在旁边静静地听他演奏，歌德暗想：他的演奏令人惊叹，我从来没有遇到过比他更加凝神、刚毅、热忱的演员了。

1830年，年轻的音乐家门德尔松经过魏玛，到歌德家做客。他给歌德演奏了贝多芬第五交响乐曲的第一章后，歌德的内心大为骚动，他虽然极力地想镇定下来，但直到晚饭时，神情仍有些恍惚，若有所思。

门德尔松少年时常到歌德家来玩，歌德称他为少年音乐家。他当时是个英俊的小男孩，坐在钢琴旁，给歌德演奏即兴的乐曲，歌德越听越爱听。歌德亲热地抚摸着他的头，笑着说："孩子，你用音乐赶跑了我心里的凶恶的幽灵。"门德尔松深受着歌德的影响。

被人们称为世界歌曲之王的舒伯特，他的短短的一生都是在贫穷困苦中度过的。他无缘与歌德相见，却把歌德的许多诗歌谱成了曲，成为世界名曲，最有名的是《魔王》。

1787年，正当歌德在意大利旅游时，席勒来到魏玛。席勒所以到魏玛来，是因为他的剧本《唐·卡洛斯》在各地公演以后获得好评。

这年8月28日，歌德的一帮朋友聚集在歌德家中，为远在意大利的歌德祝贺生日，席勒也被邀请来了。他坐在一张靠边的桌子前，眼望着桌上的高脚酒杯出神。他来魏玛以后，听到许多有关歌德的事情，一下子都想起来了。他自言自语地说："歌德这个人真走运，童年很幸福，又能接受最好的教育，年纪轻轻的就当上了枢密顾问官，在文学上又有名气，真令人羡慕。他的才华和智慧未必比我高，为什么这一切得来的这样容易？而我却要永远与自己的命运作斗争。他只比我大10岁，我却远不如他。”

9月，歌德的《哀格蒙特》正在上演，席勒看了以后，认为这剧否定了哀格蒙特的叛逆精神，鼓吹站在正义立场的英雄战胜不了有智谋的暴君，只能做无谓的牺牲。因此，他写了一篇反对《哀格蒙特》的文章。这篇文章发表后，歌德很快就看到了。他很震惊，感到“自己苦心经营二十多年取得的地位和荣誉，忽然被这个年轻人给搅乱了”。从此，歌德对席勒产生了反感，尽管他们近在咫尺，歌德却有意地避开他。这使席勒陷于绝望。席勒认为自己对《哀格蒙特》的评价是公正的，期望歌德能冷静地思考，对自己的作品做出应有的评价。然而，歌德不想做出什么评价，也不想对他的文章说什么，只想让他赶紧离开魏玛。

歌德对席勒所以采取冷淡态度，是他还没有弄清席勒是什么样的人。一个21岁的年轻人居然能写出具有强烈反抗精神的《强盗》，大胆地歌颂了强盗，鲜明地提出“打倒暴虐者”。作为魏玛的老臣，一个变得谨小慎微，学会妥协、迁就的歌德，面对这颗“炸弹”，尽管喜爱他的才华，但更怕他闹事，打破自己安宁的生活。正在这时，席勒的“手榴弹”扔在他的脚下，触犯了他的自尊心。为此，他只想让他赶快离开，但又不想亏待他。于是，便把他安排到耶拿大学做历史教授。席勒只好接受，还得去歌德家面谢。歌德对席勒显出宽宏大量，并且说：“为了您的幸福，我可以不遗余力。”

席勒本想到魏玛来能受到歌德的重视，给他谋一个轻松的职位，好让他从事文学创作。歌德却打发他到别处教历史。他实在忍受不住这种对待，在朋友面前不加掩饰地指责歌德，说歌德挡住了他前进的道路，真是恨他。但奇妙的是，他虽恨歌德又真心爱慕他。他在给朋友的信中说：“歌德在我身上唤醒了一种十分奇异的感情——大胆的恨和大胆的爱。”他主要是爱慕歌德的才华。

近两年来，歌德的处境很不好，他已经完全无所事事，也没有写出什么新的东西。他自己也比较苦闷。这时收到席勒的邀请信，觉得如果继续躲避他，自己会蒙受损失，应当利用这个新阵地发挥自己的才能。他立即回信表示乐意同这些可尊敬的人们结成联盟。一个月以后，他与席勒在耶拿大自然爱好者协会见面了。

然而，两人刚一见面就唇枪舌剑地辩论起来。这是因为两人的哲学观点不同。席勒是一个教养有素的康德主义者，认为真理来自主观的思考，与经验毫无关系；而歌德是一个固执的经验主义者，认为一切真理都来自经验，不是来自由主观思考得来的思想。

但争论归争论，随后，席勒把歌德请到家里。歌德在席勒家中，兴致勃勃地给席勒讲植物变态的本质，还画出象征性的原始植物的图形。席勒对此产生了浓厚的兴趣。但当歌德指出“这种变态的本质来自经验，并且完全为经验所证明”时，席勒却摇着头说：“不对，这不是经验，而是由主观思考出来的思想。”歌德一听，立刻联想到那篇不留情面的批评文章，心里有些恼怒。他没料想到，两人刚一见面，席勒就用这种尖锐的方式道破两人的分歧，并引起争论。他不想刚一见面就争吵，便极力克制自己，只用嘲讽的口吻说：“喔，蒙您指教，我很高兴，我竟然不知道自己还拥有‘思想’，而且是一种用肉眼看不到，无法体验到的奇妙的思想。”

两人几次争吵后，歌德受不了了，便扔下席勒，跑回了魏玛。

席勒觉得他们在学术上的争论是正常的，不应当影响他们之间的友谊，因此，他原谅了这位心胸狭隘、自尊心强的朋友。他要想方设法把歌德请回来。他知道只要公正地对歌德做出全面的评价，歌德会愉快地回来的。于是他给歌德写了一封长信，信中对歌德的文学创作做了总的评价。歌德看了这封信后很是感动，承认真正理解他的还是席勒，席勒才是他最真诚的朋友。他在给席勒的回信中写道：“您在这封信中如此友好地对我过去的全部活动做了一个总结，又满怀同情地鼓舞着我更加勤奋、更加有成效地发挥我的全部力量。”接着又写道，“当我们各自间解释清楚，两个人已经走到一个什么地步，我们就可以更加顺畅无阻地一道工作。您的同情对我来说是一种多么巨大的鼓舞，我能清楚地意识到我最近的处境是无所作为，但又无力改变，在您的帮助下，定能克服这种昏暗和动摇不定的情景。您将会看到，我们会变得多么亲近、熟悉……我希望在不久的将来能去您那儿住上几天，好让我们畅述一切。”在信中，他邀请席勒来魏玛相会。

1794 年，席勒应邀来到魏玛，他与歌德交谈了两周，交换各种想法和看法，拟定今后的行动计划。决定两人通力合作办好《季候女神》。相互爱惜对方的才华，消除了过去的恩恩怨怨。从这时起，45 岁的歌德与 35 岁的席勒，才建立起真正的亲密的友谊。

从 1794 到 1805 年，是歌德与席勒交往最亲密的时期。他们除了合力办好《季候女神》以外，把精力全都放在了戏剧事业上。他们一起编剧，共同管理魏玛剧院，导演排练节目。他们还在一起编写过讽刺短诗《温和的赠辞》。

歌德与席勒的创作方法和作品风格是截然不同的。歌德写作全靠自己对生活的体验，很少做理性的思考，因此作品中的情节是自然而然地流露出来的。而席勒在创作时要反复地进行理性的思考，他是根据理性的需要来选择安排情节的。歌德写东西，从来不征求别人的意见，只是写好了以后，才拿给人看。他认为把构思计划或写的片断给别人看，会破坏自己的思路，使作品流产。而席勒喜欢把自己的写作计划和写好的片断拿给歌德看，倾听歌德的意见。歌德总觉得席勒的哲学思想妨碍了他的创作，经常指出其作品中的情节缺乏自然的情理。席勒又觉得歌德过于依靠体验、直觉和偶然性。他极力劝歌德学习康德的哲学。两人也因此在文学创作上经常引起争论，但最后总能取长补短，使作品更为完善。例如，在演出席勒的《威廉·退尔》时，歌德指出剧本中有的地方缺乏应有的伏笔，让观众看了觉得太突然，应加上伏笔。他说：“剧中让盖斯洛突然从树上摘下一个苹果，放在退尔的孩子头上，叫退尔用箭把苹果从孩子头上射下来。这行为让观众觉得太野蛮，太危险。”他接着又说，“应在这前面加上这样的伏笔，先让退尔的孩子向盖斯洛夸耀他父亲射箭的精湛，说他能从百步以外把一个苹果从树上射下来。然后再有上面的情节，才合情合理。”开始席勒不同意这看法，歌德据理力争，最后他才同意把这一细节改了过来。席勒曾说：“在我这一时期的所有的剧作中，都可以找到歌德对我帮助的痕迹。甚至有些作品的情节都是歌德提供的。”

席勒对歌德的帮助，主要表现在对他作品的深刻分析和评论上，以及热情督促他进行文学创作上。歌德这时在创作上有一种惰性，迟迟不肯动手写作，因而，席勒逼得很紧。可以说没有他的督促，歌德写不出《威廉·迈斯特》；没有他的督促，歌德不会重新拿起笔写《浮士德》，并决心把它写完。

歌德和席勒看到当时的一些作家有所不足，他们便想通过善意的批评和温和的劝告，使这些作家有所进步，为此他们合写了《温和的赠辞》，其中有近千首诗，诗中尖锐地讽刺和批评了八十多位作家。没想到捅了一个大马蜂窝。他们的善意和温和被视为恶意和攻击，人们把批评看成是侮辱，群起反对。有人认为这是歌德把席勒引入了歧途。也有人认为行动迟缓、审慎从事的歌德，一定是受了席勒的诱惑，干起年轻人才干得出的恶作剧。席勒对别人的反击很恼火，还要写新诗回敬，歌德却十分安详，他已预料到必然会有这样的结局，决定今后要审慎行事。并对席勒诗中语气过分激烈的部分进行了删改。后来席勒冷静下来，理智占了上风，在他考虑这样做的得失以后，突然宣布休战，想和对方达成谅解，实行大联合，歌德为此也松了一口气。

席勒一生的主要代表作是《强盗》《阴谋与爱情》和《华伦斯坦》，这使他成为伟大的诗人。他写的《论悲剧题材产生快感的原因》《论悲剧艺术》《论美书简》《论激情》《审美教育书简》《论崇高》《论朴素的诗与感伤的诗》等美学和艺术理论著作，也使他成了重要的美学家和艺术理论家。

席勒死后，德国的文学界一直争论着他与歌德谁最伟大，但争论了二十多年始终没有结论。

在今天的魏玛城内，他们的灵柩仍并排地放在地下室的灵堂里，永远地安息在一起。在民族歌剧院门前的广场上，还矗立着他们的巨大铜像。两人肩并肩，同握着一个花环，表现了他们之间的亲密的友谊。

歌德青年时期，在文艺思想上主要是受温克尔曼和莱辛的影响，他为错过机会未能见到这两位名人，终生感到遗憾。赫尔德尔是歌德几十年的老朋友。歌德与席勒、费希特一起办过《季候女神》。谢林在歌德管辖的耶拿大学教书，参加过席勒组织的文艺评论小组，他与黑格尔是同学。叔本华和海涅都到过魏玛拜见过歌德。歌德一面反对康德的知识、真理来自主观思考的主观唯心主义；另一面也反对黑格尔的一切都来自“理念”的客观唯心主义，显示了他是一个唯物主义者。

歌德反对康德的哲学思想，主要表现在他与席勒的多次争论中，促使席勒的哲学思想有所转变，重视了哲学美学中的客观性，从而使席勒在德国古典美学中占有重要地位。歌德没有与康德直接交过锋，却与黑格尔短兵相接地争论过一次。

那是1827年10月18日，黑格尔来到魏玛，见到了歌德。当时，“歌德和黑格尔各在自己的领域中都是奥林帕斯山的宙斯”。两人互相很敬重。晚间，歌德为黑格尔举行了盛大的茶话会，来了许多宾朋，非常热闹，他俩亲切地坐在一起，彼此谈笑着。这时，有人请黑格尔讲一讲对哈曼（德国启蒙运动中的哲学家）的看法。黑格尔先是赞扬哈曼是一位才智非凡的哲学家。然后，他对这位哲学家的哲学思想进行了系统而又深刻的评述，使在座人非常钦佩。他在大家的赞扬中得到极大的满足。随后，大家开始分散活动。歌德与他低声交谈着。黑格尔觉得自己所以能博得大家的赞扬，主要是自己对辩证法运用得好，于是便顺着刚才的话题对歌德说：“‘理念’的辩证法在辨别真伪时起着巨大的作用。”歌德插嘴说：“从‘理念’出发的辩证法，但愿它不是诡辩的技艺，不至于被人们用来把真说成假，把假说成真。”黑格尔立刻回敬说：“您说的那种情况，在精神病患者身上当然会发生的。”敏感的歌德听出了话外音，便冷笑着说：“幸好我没有患精神病，不会颠倒是非。不过，我获得的真理，并非靠您那玄而又玄的‘理念’辩证法得来的，而是从研究自然中，从实际观察和实验中得来的。”黑格尔抢白地说：“自然界本身也是来自‘理念’。”歌德说：“我可不知道您的那个客观的理念在哪儿，是什么样子？我只知道，一个人如果在观察和处理问题时，不抱着老实认真的态度去研究自然和事实，就会被真理抛弃掉。”黑格尔是到歌德家来做客，不想在这里伤和气，只是笑一笑，没有说什么。歌德接着又说：“我还深信，您那理念的辩证法中出现的许多毛病，可以从研究自然中得到有效的治疗。”其实，黑格尔也非常重视研究自然规律的，在他的论述中便揭示了许多真理。只是他硬要把这些归在“理念”的名下。因此，他也觉得歌德说的话有一定道理，也就更不想驳他。两人的这场交锋淹没在大家的欢乐中，没有人能察觉。最后，两个人愉快地分手了。

1806 年，叔本华一家由但泽迁居到魏玛，便开始与歌德有了来往。18 岁的叔本华常到歌德家向他请教学习上的问题。1813 年，歌德正在研究颜色学，他希望这个聪明的少年能跟他一起来研究。叔本华对这一课题很感兴趣。于是，歌德就把研究用的仪器和方法以及研究的目标都交给和告诉了他。叔本华很有独创精神，很快就背离了歌德的研究方法和目标，另搞了一套。这使歌德很不满，他说:“遇到像叔本华这样的学生，会使神仙看到老师的苦恼。”他没想到，叔本华在 1816 年出版了《论视觉与颜色》一书。

歌德研究颜色学也很有成就，早在 1791 年就写了《颜色学》一书和论述光学的文章。他首次提出各种颜色会影响人的感情和情绪。并举例说：“有位足球教练，把球队的更衣室涂成蓝色的漆，使队员在半场休息时处于缓和和放松的气氛中，但是，外室却涂成红色的，这是为了给他做临阵前的打气讲话，提供一个更为兴奋的背景。”也就是说蓝颜色会使人产生轻松愉快的感觉，红色可以产生热烈、兴奋的感情。他的这种看法，后来受到实验心理学美学家的重视，最后形成一门科学，即色彩美学。

叔本华有一本纪念册，上面有许多人的题诗和赠言。他离开歌德时，也请他题诗，歌德想：这孩子目空一切，自尊自大，他敢当面指责我。他便针对叔本华的这种性格，写了带有批评和告诫性的两句诗：

要想受到别人尊重，
必须学会尊重别人。

叔本华喜欢这种真诚的直来直去。他觉得歌德真是了解自己。后来，他翻阅这本纪念册时，认为除了歌德的题诗是至理名言外，其他的题词都没有什么价值。于是，他只留下歌德的题诗，其他的全让他给撕掉了。

谒见拿破仑

南北东西，一片瓦砾，
王位霸业，一败涂地，
快到遥远的东方去吧，
那里还有古风的气息……
嫉妒者和诽谤者，滚开，
因为这里是诗人的瑶台，
因为那热情奔放的诗章，
已腾升到了天国的门槛，
它静悄悄地把门叩开，
正在领受那不朽的圣餐。

1812年12月，拿破仑战败，歌德预言的这一天还是来了。

拿破仑执政伊始，歌德曾怀疑："如此辉煌而威严的景观能否支持下去。"歌德把拿破仑当做一种神秘的现象加以认识，对这位风口浪尖上的年轻英雄人物充满了好感，这个掀起世界轩然大波的统治者引起了歌德极大的兴趣。歌德崇拜世界统治者拿破仑，觉得拿破仑既是一个富于幻想的理想主义者，又是一个目光敏锐的现实主义者，认为拿破仑是用倒填日期来证明革命的正确。但是，四年来，歌德亲眼目睹了拿破仑的命运。

卡尔·奥古斯特公爵幸灾乐祸地坐在歌德的大厦里，向歌德描述着拿破仑的逃跑："你崇拜的那位可怕的矮子，在巴黎就已经把他逃跑的一切都想到了。"公爵像讲故事般慢条斯理地说着，"他逃跑的路线上，早已备好的马匹、马车、雪橇在每个驿站等他。你不用替你的皇帝担心，他可以日以继夜地逃跑。”

歌德平静地坐在公爵身边，他并没有替拿破仑的命运感到怎样不安。他轻轻地吟咏着：

一位永葆锐气的帝王，

永远不会动摇心慌。

通向王位之路艰险崎岖，

他无所畏惧，敢于面对死亡。

一个陌生人被仆人带到歌德面前，陌生人对歌德说：“拿破仑陛下派我来转达对您——歌德先生的问候。”

歌德坐直身子，问：“陛下现在在哪儿？”

“陛下……”拿破仑的信使沮丧地说，“陛下已逃到魏玛，住在驿站。陛下没有忘记四年前结识了您。”

歌德站了起来，走到拿破仑信使跟前，义正词严地说：“请你转达我对陛下的真挚问候，我依然崇拜陛下的帝王气魄。但我是一个德国人，我为莱茵河的欢唱而欢欣鼓舞。”

拿破仑的信使走了。

卡尔·奥古斯特一直仰靠在安乐椅上闭目养神。这会儿，他悠闲地说：“拿破仑在向你摇尾乞怜，他在天堂与地狱都在向你频送秋波。铁木儿假面具下孵出来的拿破仑，目前的处境很惨哪！”

月若一茎瘦秋草在浓重的夜色中时隐时现。歌德辗转反侧，因拿破仑掀起的短暂暴风骤雨已经过去，世界风和日丽。但，四年前谒见皇帝拿破仑时的情景，却使他永远不会忘记。

1808 年 9 月末，已经当了三年皇帝的拿破仑，在进军西班牙之前来到埃尔富特。他焦急不安地来回走动着，他在等待沙皇一行的到来，与俄国人结盟使他想起了一个警句：到达顶峰也该预感到末日。

俄国沙皇正在前往埃尔富特途中的魏玛逗留。卡尔·奥古斯特公爵是他的妹夫，魏玛因此才能在拿破仑的进军中安然无恙。卡尔·奥古斯特公爵陪同大舅子俄国沙皇去了埃尔富特。

几天后，歌德接到了公爵发的请帖，他怀着一种奇特的情绪来到埃尔富特。

埃尔富特因为拿破仑的到来，显得拥挤不堪，到处可以看到军人、外交官、各个民族的代表……

歌德被曾在他家投宿的城防司令请去。城防司令亲热地拥抱着歌德，说："伟人哪！那一天您差一点就被我们醉酒的士兵……那样，我们今天的见面就不存在啦！"城防司令又把几位法国将军介绍给歌德。

这时，一位与将军们的形象格格不入的面容出现在歌德面前。这是一位看了很久的肖像人物，歌德认得，是拿破仑的外交大臣塔列兰。歌德深邃的目光与塔列兰自信的目光相撞，城防司令赶忙介绍说："这位……"歌德与塔列兰几乎同时摆了一下手，又同时把手向对方伸了过去。

塔列兰严肃地说："久闻大名，今天特来转达皇帝的邀请。"

歌德平淡地问："要我去谒见皇帝吗？"

塔列兰笑了，说："马上。皇帝想见您，早已迫不及待了。"

歌德诙谐地说："看来，皇帝对我也同我对他一样的感兴趣。那好，我这就与你去见皇帝。"

歌德跟着塔列兰走进了拿破仑住的房间。

拿破仑坐在一张特大的书桌前。左边站着法国作家、政治活动家德律，歌德早就认识。塔列兰走近拿破仑，耳语了几句就站到了拿破仑的右边。拿破仑用手示意歌德到他近前来，歌德还是在适当的距离停住了脚步。

拿破仑端详着歌德，问："您多大岁数？"

歌德回答："六十。"

拿破仑左右看看，笑着说："您比我大二十岁，看上去却比我年轻得多，这是千真万确的。”

“是啊！”德律绘声绘色地说，“陛下，您瞧歌德那朱庇特式的前额、鼻子、眼睛，气宇轩昂，庄重漂亮。”德律看了看拿破仑高兴的样子，又看了看瞪着他的歌德，“陛下，如果歌德先生讲故事，他的黑瞳仁会顿时放大两倍，炯目闪烁着不可思议的光芒。当然，您不会看到歌德先生勃然大怒，我是见到过的，挥舞着手势，简直像个国王。陛下您不介意我这么说吧！”

拿破仑大笑起来，说：“歌德先生，您的举止真的很优美，不同凡响，不愧为德国第一剧作家。”

歌德弯了一下富态的身子，表示异议地说：“皇帝陛下，您过奖了。莱茵河是母亲的河，是蕴育天才的摇篮。德国的两位大家您应当知道。戏剧理论家、悲剧作家莱辛，写过戏剧理论著作《汉堡剧评》，他早年的剧本《萨拉·萨姆逊》是德国的第一部市民悲剧。年轻的席勒……他的戏剧《强盗》和《阴谋与爱情》，在‘狂飚运动’中引起过强烈震撼……”

拿破仑打断了歌德的话说：“我读过席勒的《三十年战争史》，他的风格我不喜欢。当然，席勒的其他作品我没有读过。”拿破仑停了停问，“魏玛有院士作家吗？”

“著名的院士作家是维兰。”

“那么你帮我邀请他到埃尔富特来。”

德律告诉拿破仑说：“德国文学成就最高的就是歌德，他的《葛兹》是德国第一部现实主义历史剧，他的一部书信体小说《少年维特之烦恼》轰动了全世界。歌德还翻译了伏尔泰的《穆罕默德》。”

“对，马上问问可不可以上演这部戏剧。”拿破仑兴致勃勃地说完，又很失望地说，“但是，剧本不好。”

歌德笑着批评拿破仑说：“您是征服世界的人，对自己国家的名人名作给予的评价，影响是很大的呀！”

拿破仑思索着……点着头，转移话题地说：“您的《维特》我却读了七遍，一直随身携带。但是，我不喜欢您的小说结尾，虚荣心是维特自杀的动机之一，这不能说服人。这一点与维特的本性不一致，而且，也削弱了读者对爱情给予维特的强烈印象。您为什么要这样写呢？”

歌德朗朗地笑着说：“皇帝陛下，还从没有人像您这样详细地提出这个意见。我承认，小说的结尾部分，也许与事实相矛盾，我只想采用特定的艺术手法，产生一般手法所产生不了的效果。我不认为，陛下您会喜欢小说有结尾。”

拿破仑对歌德的辩解很满意地点了点头。拿破仑沉思了一会儿，说：“我已深深地感到法国戏剧的脱离自然，脱离真实。我像一个刑事法官，很注意悲剧的发展。”拿破仑的脸色陡然严峻，“命运是什么？我对命运持否定态度。命运只产生于阴暗的时代，政治就是命运。”拿破仑站了起来，走向阳台。

塔列兰、德律、歌德也都跟到了阳台。

拿破仑久久地眺望着远方，他一直没有转过身子，他和蔼地问歌德：“您结婚了吗？有儿子吗？”

“结婚了，有一个儿子。”歌德对着拿破仑的背影回答。

拿破仑缄默着，然后长长地叹了一口气，说：“我却还没有儿子。”

一阵难耐的沉默之后，拿破仑依旧目视前方，对歌德说：“我请求您去巴黎吧！来施展您的雄才大略。”

“陛下，我是一个默默无闻的人，您会后悔做这件事的。”歌德回答得很坦然。

拿破仑激动地说：“Vous êtes un homme!”（法语：您是真正的人。）

歌德向德律和塔列兰看了看，意思是我可不可以离开？两个人同时点了点头。歌德悄然退了出去。

拿破仑把自己的演员都带到了魏玛。拿破仑在魏玛，魏玛的人民很安全，这使歌德感到慰藉。

歌德陪着皇帝拿破仑在挨过拿破仑炮弹的剧院里看戏。但是，歌德心中有杆秤，他是德国人，他永远不会背弃祖国。

拿破仑灭亡的历史时刻来临了。歌德感到决定人类命运的时刻正在到来。

难眠的长夜终于过去了，黎明的曙光已灰蒙蒙地映满了窗帘。往日，歌德已经漫步在花园了，今天，他却披着睡衣在房间里踱来踱去。拿破仑的影子，像一粒石子投进了他的心潭，荡漾着许久无法平静的涟漪……

轻轻的敲门声。

歌德急速地打开房门，昨晚的那个拿破仑信使站在门外，向歌德深深地鞠了一躬，说："陛下让我再一次转达他对您的问候，我们就要上路了。"

歌德抬起了手，想说："等一等……"他却什么也没有说出来。

天明后，卡尔·奥古斯特公爵又来到歌德身边，隔岸观火地说："你的朋友凌晨五点就从魏玛逃离了，你没有想过送他一程吗？"

歌德目光深邃地看着公爵，说了拿破仑的一句话："政治就是命运。"

《浮士德》亮其一生

歌德最后八年一般都蛰居家中，足不出户，也很少去外地。上午在两个小房间里工作，下午在豪华的大厅里接见来客。晚上同两个小孙子和一个孙女玩，享受着天伦之乐，或者在家举行交谊会，接待客人。

他的儿子成了酒鬼。儿子和儿媳经常吵嘴。奥蒂莉气得经常离家，在外面，在柏林寻欢作乐，也不管家务。歌德只好找人来管。在家务干扰他，使他无法工作时，他就逃跑。或者搬到花园小屋去住些时候，或者去耶拿。

歌德一直生活在狭窄的小圈子里，被禁锢在小城市里。他同外界的接触多半是靠客人来访。他们给他带来各种消息。

他过去的女友一个接一个地离开了人世。凯特馨于 1810 年、弗里德里克于 1813 年、莉丽于 1817 年、斯泰因夫人于 1827 年、夏绿蒂 · 布芙于 1828 年去世了。

他的靠山和恩主卡尔 · 奥古斯特大公也于 1828 年 6 月 14 日在从柏林回托尔高附近的格拉迪茨宫途中突然去世。

1830 年 10 月 27 日歌德的独生子奥古斯特因脑溢血死在罗马。噩耗传来，老人痛不欲生。他大咯血，诊断是食管静脉出血。但是他出人意料地很快复原了。12 月 2 日的日记写道 ：“夜。考虑《浮士德》，有所进展。”

歌德知道自己的时日已屈指可数了，他加紧工作，终于在 1831 年 7 日基本上完成了他最后一部巨著《浮士德》第二部。他在 1831 年 7 日 22 日的日记写道 ：“大事已完成，最后定稿本。全部誊清装订好。”

如果说，小说《少年维特之烦恼》使歌德一鸣惊人，给他带来世界性声誉，那么，诗剧《浮士德》是使歌德能与但丁. 塞万提斯、莎士比亚齐名而永垂不朽的作品。

德国16世纪出版有《浮士德博士的故事》(1587)。据汉斯·亨宁1959年发表的文章，浮士德在历史上实有其人。1480年浮士德出生在符腾堡附近的克尼特林根。约于1540年或1541年死在弗莱堡的布莱斯高。他从未上过大学学习，却妄称硕士和博士。所以称浮士德博士是无根据的。1507年他在弗兰茨·封·济金根处当过教师，1513年当过算命先生。在埃尔富特给学生们讲授荷马，据说能用法术将荷马史诗中的人物召唤至听众面前。当时他被教会视为异端，于是他从1520年开始漫游，到过德国境内许多城市，也到过布拉格、维也纳、威尼斯和巴黎，他在威尼斯当众表演过飞行。他在南德作过星相学家，1536年他向朋友预言查理五世将对法国国王弗兰茨一世进行战争，因而声名大振。但是他并不能每言必灵。渐渐有人说他是骗子。马丁·路德曾多次指责他搞骗人的魔术，是魔鬼的亲戚。他死后，人们越传越神。这本民间故事书有68章，230页。《浮士德博士的故事》就说他用自己的血签字与魔鬼订立为期24年的盟约。在盟约有效期间，魔鬼为浮士德服务，满足浮士德的一切要求。其交换条件是：浮士德必须放弃基督教信仰。条约期满后，浮士德必须死去，死后灵魂属于魔鬼。这本书的目的是劝人信教，不要相信异端邪说。但客观上却起到了反作用。通过浮士德同魔鬼上天入地，探讨天堂、地狱、宇宙形成等奥秘，促使人们反对黑暗的中世纪的宗教愚昧和禁欲主义，鼓励人们去追求和探索。

英国戏剧家马洛在本书出版的第二年就写了《浮士德博士的悲剧故事》。德国的戏剧之父莱辛写过《浮士德片断》(1755)。海涅向歌德谈及自己打算写浮士德，还曾引起歌德的不高兴。歌德觉得海涅太狂妄。海涅不知道，歌德正在写《浮士德》第二部哩。

《浮士德》是一部充满矛盾辩证统一、充满幻想的伟大作品，也是一部充满浪漫主义气息、稀奇古怪的作品。里面不仅有天帝和魔鬼，还有各路神仙和精灵以及各种神话人物和怪物。

歌德写作《浮士德》的60年间，科学技术有了显著的进步和发展。电动机问世了，巴拿马运河动工开凿了。浮士德回到书斋，培育出了一个"何蒙古鲁士"（一个"人造人"，即今天的试管婴儿，不过这个幻想出来的"人造人"比今天的试管婴儿还要先进）。

《浮士德》概括了上下3000年的人类历史，用许多艺术形象概括了各类人和事。

歌德并没有把浮士德创造成绝对的善良人，也没有把魔鬼梅非斯特看做绝对的恶。浮士德代表积极向上的力量，梅非斯特代表否定的精灵，"作恶造善的力之一体"。在浮士德身上有善也有恶。

有两种精神居住在我的心胸
一个要想同另一个分离!

他同梅非斯特形影不离，等于是他心中的恶。"善恶一念间"，"人之善恶，存乎一心"。这种哲学理论在《浮士德》中通过各具性格的形象表达出来。

歌德也深知他自己写了"一部怪书，超越了一切寻常的情感，……浮士德是个怪人……梅非斯特的性格也很难理解，""要想单凭知解力去了解它，那是徒劳的"，"谁要是没有四面探索过，没有一些人生经验，他对下卷就无法理解"。他在辞世前几天给威廉·封·洪堡写信说："……我确信我为这一稀有的事业而付出的正直的、长期进行的努力将会得不到什么补偿，将会像在海难中被粉碎的船舶那样被冲上海岸并首先被时间的流沙湮没。"（1832年3月17日）

事实证明，这部名著仍拥有读者。虽然它不易读懂，但在新中国成立后，已出了五个中文译本。

歌德完成《浮士德》第二部这件大事后，心情轻松愉快。为躲避人们对他82岁华诞的盛大庆祝，他带着两个孙儿瓦尔特和沃尔夫冈及仆人，到伊尔梅瑙去了。在生日前夕，即8月27日，他把仆人和孙儿们安排在林区看烧炭工人、樵夫和吹玻璃工人如何干活，便由山区视察员约翰·克里斯蒂安·马尔陪同，吃力地爬上小丘，向猎人小屋走去。这位视察员后来描述了当时的情景："我们相当舒适地到了基尔克汉的最高处，先在圆形空场上欣赏远方的美景，他望着茂盛的森林十分高兴，……随后他问：'那座林中的小楼必定在这附近吧，我能步行到那里去，叫马车停在这里，等着我们回来。'果真他就健步穿过山顶上长得相当高的覆盆子灌木丛，直到那熟悉的两层的狩猎小木楼，……一道陡直的楼梯引向小楼的上层；我请求搀扶他，但他以年轻人的活泼神情谢绝了我，虽然他再过一天就要庆祝他 82 岁的诞辰了。他说：'你不要以为我走不上这座楼梯，我还能走上去。'我们走进上层的室内，他说：'从前我和我的仆人在这里住过八天，那时我在壁上写了一首小诗。我想再看看这首诗，如果诗下边注明写作的日期，就请你费神把日期给我记下来。'我立即引导他走到屋子的南窗旁，窗子左边有用铅笔写的这首诗。

一切峰顶的上空
静寂，
一切的树梢中
你几乎觉察不到
一些声气；
鸟儿们静默在林里。
且等候，你也快要去休息。

歌德反复吟诵，泪流双颊，他缓慢地从他深褐色棉布上衣里掏出雪白的手帕，擦干眼泪，以柔和伤感的口气说：'是呀，且等候，你也快要去休息。'他沉默半分钟，又望了望窗外幽暗的松林，随后转身向我说了一句：'我们现在又可以走了。'"

六天以后，歌德在 9 月 4 日写信给音乐家泽尔特，提到这件事，信一开始就说："这六天是整个夏天最晴朗的日子，我离开魏玛到伊尔梅瑙，我往年在那里做过许多工作，可是长期没有再去了。在周围都是枞树林。最高山顶上一座孤单的小木板房壁上我找到那首1783年9月7日（应为1780年9月6日——引者注）的题诗，你曾使这首歌驾着音乐的翅膀传遍全世界，那样亲切地抚慰着人们。……过了这么多年，真是阅尽沧桑：有持续着的，有消逝了的。成功的事物显露出来使我们高兴，失败了的都忘记了，在痛苦中忍受过去了。"

一个多情善感的诗人在自己的生日前后三次来这个小屋，而且头两次相距30年，后两次相距20年，前后相距50年，怎不感慨万千呢！50年来，多少成败，多少是非，多少朋友已经作古，他还健在，而他已是年过八旬的老人，他曾从意大利、从耶拿、从格尔德米勒、从玛丽恩巴德，一次又一次获得新生，获得青春。他还能像浮士德那样，喝魔汤而返老还童吗？决不会有了。他俯视群峰，树梢，小鸟，从无生物到生物，都一片静寂，稍等候，他也要休息。当年来此是为了"躲避城市的喧嚣，人们的怨诉，无法改善的混乱"，求得身心的安宁。这次说不定他也要永久安息了。

第二年，他感到自己不久于人世。他向老朋友米勒立下了遗嘱，全权处理他的作品和出版全集事业，也向爱克曼就出版《浮士德》第二部作了交代。他将玛丽安娜的信件清理好，退还给她，还附了一封信。

3月初，蓓蒂娜要二儿子去看望歌德。歌德看了他带来的他母亲的亲笔信，热情地接待了他。从3月10日至15日，歌德每天请他吃饭。他成了歌德招待的最后一个陌生人。在他告辞时，歌德在他的纪念册上题了一首小诗：

各人自扫门前雪，全市住宅都清洁。

每人吸取教训，就会成竹在心。

歌德在家待了整个冬天，感到心情烦闷和急躁。他急于到室外活动一下，渴望春天。3月15日他乘马车去外面散步，结果着了凉，患了重感冒。这时他身体已经不行了，他已成了一个干瘦驼背的小老头。他胸部头痛，两眼深陷，面色如土，不得不卧床休息。3 月 17 日他还给威廉 · 洪堡复了信，答复他关于《浮士德》创作分期的问询。这大概是他写的最后一封重要信。他写道：

“我从计划写作浮士德至今已有 60 年之久……毫无疑问，如果能在生前将这件严肃的趣事办成，奉献给我衷心感激的各地朋友，让他们与我共享这一作品，并听取他们的反应，那将是我莫大的愉快！”

接着，他担心他这一费了毕生精力写出的作品将“得不到好报”，“它将像一艘破船被抛在沙滩上，接着被时光的流沙掩埋”。

过了几天，病情有所好转，但是随即病情又转重。他在床上躺不下去，只好斜靠在沙发上。

3 月 22 日早晨，他还翻阅了一本谈论法国七月革命的书。他问了日期，随即入睡，口说胡话。他还想到老友席勒，又似乎见到了漂亮女子的卷发。他睁开眼睛，看到窗帘被拉上了，便望着窗户喊道：“打开百叶窗，让更多的光进来。”

他要求给他点酒。

他要奥蒂丽过去，说：“把小手给我。”

从此，他再没有说话。他半睡半醒地躺着。

垂危之时，他用手在空中舞动着，据在场的人说，好像他写了一个大写字母“B”字，但人们百思不得其解。正如“更多的光”引起许多解释一样。

正好在他出生的时刻，这位伟大的诗人在沙发上溘然长逝了。

翌日公布了他的死讯，由儿媳署名发了讣告。在举行遗体告别仪式之后，举行了隆重的葬礼。他同席勒共同开创了德国文学的辉煌时代，临终时还想念着席勒，人们领会了他们俩“生不同时死同穴”的愿望，3 月 26 日将歌德的棺椁安放在席勒的棺椁旁。这是 1827 年歌德在迁移席勒墓时亲自选定的墓址。王家陵园的陵墓是古典式的，正面有五根圆柱。顶部有灯光照耀的圆厅。

从圆厅有一条石梯通往墓室。在台座上停放着两尊完全一样的橡木棺椁，上面的金属字母写明死者的名字。

1857 年在重建的魏玛剧院门前建立了歌德和席勒的并肩立像——象征着他们诚挚的友谊和伟大成就的纪念碑。

应该说，纪念碑是他们自己建的。因为歌德的诗俏皮地说：

要不是我自己为自己建立纪念碑，
这纪念碑，它从何而来？

生活在未来

霍夫曼斯塔尔说："他（歌德）真实地立在生活的范围内，这范围给他把世界系住。没有一件事逃避他，正如他不能逃避任何一件事。在最小的行为里都与最大的事物关联，……生活是一个不断的再开始，不断的再回来。"真知己之言也。

歌德是位真实的生存者。他的生存空间狭窄且充满德国人的鄙俗气，但他从不轻言放弃，而是在这有限的时空中争得无限，以向外而又向内的冲动来极力拓展生活的空间。

当冲动在现实世界受阻时，他就转向内心，——当他的心里阳光普照时，黑夜也使他无限地幸福。黑夜没有使他痛苦的理由——左右掣肘的政治环境与泥潭式的生活道路只能是"想作恶却常将好事促成"的梅非斯特，他由此而得到蜕变。况且黑夜之后又是一个充满希望的未来。

他没有必要放弃世俗生活的享受，荣誉、富足与爱情——生活的给予，没有放弃的理由。他要爱情，没有爱情就没有歌德的一切；他了解自己，所以他有爱的权利，他主张无条件地爱，但他也明白，没有世俗的富足与荣誉，他就难以持续地获得爱情——除了一颗年轻的心，还必须以世俗的手段去榨取不世俗的爱情的蜜汁。

活着，在世俗的时空里努力地活着，以激情激活沉闷的生活，耐心倾听其乐音与哀调，吃透生活才能剖析世俗，才知高洁。

生活便是他生活的目的，只有直面现实，才能有少许的快乐——但内心的平静又是怎样的奢望哟！

他看到天国与地狱殷勤地招手，他以生存的智慧压制住冲动的欲念。他通过美而思想，通过思想而争取平静，获取快乐。快乐转瞬即逝，把握住的唯一出路便是让思想之流不停地奔腾与升华，变不能为可能，将永恒系于一瞬。

在生活与理想之间，歌德没有肤浅地取舍，因而他没有毁灭在时代的浊流中，他的思想在不懈地叩击天国之门时，他明白支撑双脚的是坚实的大地，没有了生活，理想就是一具无血肉的骨架。而现实的生存，生活与理想的完美的结构式为：生活在未来。这是一种两不相碍甚至皆大欢喜的选择。

生活追求、行动追求与美（即创造）的追求是这一结构式的分解，其中的共同项“追求”正是生存的本质，正是生存的最真实的状态。

斗胆谈歌德的启示，只是为表彰自己的勇气——敢在众目睽睽之下暴露自己的无知与肤浅，同时也怀有一种用心：为自己的一事无成辩护。

歌德的启示是永恒的，启示是一个有待挖掘的宝藏，是一盏永不灭的心灯。

但心灯照耀下的路只有靠自己走。上路时，别忘了歌德的结语：

凡自强不息者，到头来均能获得拯救。

歌德作品简介

歌德的文学创作生涯始于在莱比锡大学学习法律期间。1770 年，他在斯特拉斯堡结识了“狂飙突进”运动的精神领袖赫尔德尔，在赫尔德尔的引导下，他学习莎士比亚，学习民歌，从而摆脱了古典主义和宫廷诗歌的影响，写出了一批感情真挚、意境清新、声律优美的抒情诗，如《野玫瑰》、《五月歌》、《欢会与离别》等。

1771 年，歌德在斯特拉斯堡结束学业，回到故乡。在以后的几年里，他写了一系列体现“狂飙突进”运动反叛精神的优秀作品。历史剧《铁手骑士葛兹·封·白里兴根》（1773）取材于 16 世纪农民战争时期的史实，写一个参加起义的贵族对皇帝和封建领主所进行的悲剧性的反抗。在这个剧本中，他有意学习莎士比亚，场面丰富，情节复杂，人物众多，语言生动，完全不守“三一律”。剧本获得了极高的声誉，歌德因此而成为“狂飙突进”运动的主将。未完成的诗剧《普罗米修斯》利用希腊神话塑造了一个同情受压迫人民而反抗最高统治者的巨人形象。

《少年维特之烦恼》（1774）是这一时期歌德最好的作品。这是一部书信体小说。歌德以自己的一段生活经验为基础，综合了他所听到的一些事情，写成一部具有高度现实性的作品。小说的主人公维特爱上了一位贤淑的姑娘绿蒂，但姑娘已经订婚，他不得不离开绿蒂而去他乡，在公使家供职，在这里又受排挤而离职。他再次来到绿蒂身边，而绿蒂已经结婚，维特在绝望中用手枪自杀。

维特是一个德国进步青年的形象，他有理想，有才能，渴望自由，又力图有所作为，但现实的沉闷和鄙陋，贵族的傲慢和偏见，官府的腐败，市民的平庸，都使他不能容忍，他感到孤独，愁闷，但又无能为力，只得从大自然、天真的儿童和淳朴的农民身上找到一点宽慰。他从绿蒂身上看到了一种质朴纯真的品质，便寄以全副热情，但绿蒂也跳不出平庸的生活圈子，这使维特完全陷于绝望。维特的自杀是他为社会所不容的结果，是他既憎恶社会又找不到出路的必然归宿，同时也是他对那个令人窒息的社会的孤独而消极的抗议。小说采用维特致友人与致绿蒂的书信以及他的日记片断的方式写成，把叙事、抒情、描写、议论自然地融为一炉。全书带有强烈的感情色彩，通过主人公的主观感受来反映社会现实。这部小说突出地表达了当时德国进步青年的思想情绪，它一出版就引起了一阵“维特热”，不仅在德国风行一时，而且很快就被译成欧洲各国文字，成为德国文学中第一部在国际上引起轰动的作品。

1788年之后，歌德的文艺观发生了变化，他批判性地回顾了“狂飙突进”运动以来自己的创作，又恢复了文学创作活动，写了一些作品，重要的如剧本《哀格蒙特》(1789)、《伊菲格尼亚》(1779—1786)、《塔索》(1790)，并写成了《浮士德》的部分内容。这些作品表现歌德逐步放弃“狂飙突进”精神而追求宁静、和谐的人道主义理想。《哀格蒙特》描写16世纪尼德兰人民的反侵略斗争，还有“狂飙突进”精神的余波。《伊菲格尼亚》标志歌德向古典主义的转变。这一剧本用希腊神话作题材，塑造了一个以自己的高尚品德和真诚感情感动国王，改变当地不合理的社会习俗的理想女性形象，反映了歌德主张通过感化统治者而实现社会改良的思想。剧本用古代戏剧的风格写成，形式完美，语言洁净。《塔索》写16世纪意大利诗人从一个敢于揭露封建宫廷腐败的反抗者变成一个自我克制、安于现状的庸人的身世，其中包含着歌德自己的经历和体验。

1794年，歌德与席勒交往，从此开始了这两位伟大作家互相合作的十年。他俩共同主办魏玛剧院，主编文艺杂志，合作写成了一批诗歌作品（警句和谣曲）。歌德本人完成了长篇小说《威廉·迈斯特的学习时代》(1795—1796)、叙事长诗《赫尔曼与窦绿苔》(1797)和《浮士德》第一部等作品。《赫尔曼与窦绿苔》是一部古典牧歌式的叙事诗，描写法国革命时期，一个姑娘逃到莱茵河左岸与当地德国青年恋爱的故事。作家描写革命给人们带来动乱，歌颂宗法式的田园生活。这些都说明在这个伟大诗人身上同样表现出德国资产阶级的庸人习气。

进入19世纪以后，欧洲与世界都有了很大的变化。与东方文化的接触扩大了歌德的视野，使他认识到从民族文学向世界文学发展的时代已快来临，提出了“世界文学”的概念。

歌德的晚年是在隐居中度过的，他以惊人的毅力埋头写作，完成了一些重要作品，如长篇小说《威廉·迈斯特的漫游时代》（1820—1829）和《亲和力》（1809）、自传《诗与真》（1811—1830）、诗集《西东合集》（1819）等作品，达到他创作活动的又一个丰收时期，最后完成了他自认为是“毕生的主要事业”的作品——诗剧《浮士德》。

《威廉·迈斯特的漫游时代》是歌德的一部重要作品，它在歌德全部创作中的地位仅次于《浮士德》。歌德从1776年开始写这部作品，上部《学习年代》1796年完成，下部《漫游时代》1829年完成。它的创作过程几乎贯穿歌德一生的几个重要阶段。主人公威廉·迈斯特是一个德国资产阶级进步青年的形象，他经历了漫长的生活道路，最后找到的生活理想是为集体劳动，为人类造福，这反映了德国资产阶级对社会理想的探索过程。小说最后的结论也可以看做是19世纪初期空想社会主义思想对歌德的影响。但是小说上部所写的理想是由一个开明贵族提出，下部的社会改革方案是一个回避革命、调和矛盾的乌托邦。

歌德作品精选

■

小 说 ■

少年维特之烦恼

故事梗概

盛春五月，维特为了摆脱生活的烦恼，离开生活多年的城市，来到一个偏僻的小镇。那里风景优美，维特投身于大自然迷人的怀抱，一种奇妙的欢愉充溢着他的整个灵魂。他躺在草地上，能感受到博爱天父的嘘息。这里的人质朴、完美，使维特欣羡、忘情，他和他们一起开怀畅饮，纵情谈笑；或进行郊游，举行舞会。他为孩子们作画，帮助少女们把水罐放在她们的头上。

六月的一天傍晚，维特和几个姑娘去参加村里的舞会，顺道约绿蒂同往。当他来到猎庄，跨进门去时，一幕动人的情景映入了眼帘：一个模样娟秀，身材适中，穿着雅致的白裙，袖口和胸前系着红色蝴蝶缎带的年轻女子，那么慈爱地把切成大小不等的面包分给围在她身旁的六个弟妹，然后看着他们各自高兴地跑开。她就是绿蒂。维特的整个心灵都让她的形象、声音、举止给占据了。一路上，维特与绿蒂热烈地交谈起来，维特的整个灵魂都被她那活泼伶俐的小嘴和鲜艳爽快的脸庞给摄走了。

在舞会上，绿蒂跳得妩媚、轻盈，整个身体和谐之极。他搂着这个无比可爱的人儿，带着她轻风似的飞旋，周围的一切都消失了。这时，一个妇女向绿蒂两次说起阿尔贝特这个名字。维特问阿尔贝特是谁，绿蒂回答："我与他可以说已经订婚了。"维特顿时心烦意乱。舞会结束后，他俩激动地站在客厅窗前，相互对望着，绿蒂噙着泪花，维特也热泪纵横。

从此，维特再也分不清白天和黑夜，只有绿蒂在他的心目中，他几乎天天去看她。维特在爱河中心醉神迷了。每当他的指尖无意间触着绿蒂的手指，每当他俩的脚在桌子下相互碰着，他的血液便立刻加快了流动，当她在谈心时把自己的手抚在他的手上，谈高兴了便把头靠近他，使他的嘴唇感觉到从她口里送来的天香时，他真像是让电击中了，身子直往下沉，脚下轻飘飘地完全失去了依托。

不久，阿尔贝特回来了。他是一个沉静、理智的人。他也很爱绿蒂，爱她勤勉，爱她母性般的温善。他对维特很好，一起散步，一起交谈。一天，维特和阿尔贝特发生了一场由自杀问题引起的争论。阿尔贝特对什么都冷眼旁观，说自杀是愚蠢行为。维特则爱憎分明，说任何事情都要弄清原因，不能妄下结论。结果谁也说服不了谁。维特心中充满感慨：在这世上，人跟人真难于相互理解!

维特感到世界上只有绿蒂无比亲切，也感到绿蒂不愿失掉他。他对绿蒂日夜思念，常常做梦，可是醒来才发现自己孤身一人。无法忍受的苦痛使维特不再犹豫，他于九月的一天忍痛含怨地离开了绿蒂。

维特回到城市，在公使馆里当秘书，想从工作中求得解脱。但是，在这里，一切世俗和官场上的鄙陋习俗，又让他增加了新的恼烦和苦痛。公使吹毛求疵，啰里啰唆，活像个老太婆。同僚们都热衷于地位，时时戒备对方。维特认识了一位谦逊仁慈的伯爵，伯爵也器重他。一天，他到伯爵府上吃饭，可没想到正碰着当地的贵族男女来此聚会。他们发现维特时，立即交头接耳，窃窃私语。他去和他认识的一位小姐说话，小姐也不敢答理他。终于，伯爵委婉地叫维特离开。这一来，维特走到哪里，都有人或同情或嘲讽，嫉恨他的人说："这下瞧见了，那种妄自尊大的人会有怎样的下场。"维特无法忍受无赖们的侮辱，愤而提出辞呈。

辞去公职后，维特途经故乡，追忆充满幻想的童年时代，又在一个侯爵府的猎庄做客。他曾想去投军，想去参观矿井，想去……但都成了泡影。他悲叹自己是孤独的漂泊者。最后，他决定再去接近绿蒂。

时隔一年，维特重返乡间，又来到绿蒂身旁，这时绿蒂已经结婚。维特旧地重游，但景物全非。那热恋女主人的青年农民未能如愿以偿，反被解雇了；他拜访自己曾为他们作过画的两个孩子，而那小弟弟竟已夭折；善良的老牧师已经死去，院里枝繁叶茂的胡桃树也被砍掉了……时令已是秋天，树叶枯黄，维特的心也像秋天一样凋零凄凉。

维特对绿蒂的爱，虽然无望，却依然那样强烈、专一和执著，那样日思夜梦，梦魂萦绕。他开始借酒消愁，绿蒂劝道："别这样，想想您的绿蒂吧！"他回答说："不只是想！你时刻都在我心中。"一次，只有她一个人在家，他默默地坐着；她知道他多么痛苦，久久地望着他。他真想跪倒在她脚下，搂住她的脖子，以无数的亲吻来报答她。他再也不能控制自己了，她的形象四处追逐他，充满他整个心灵。

冬天来了，天气越来越冷，花草都枯死了。一天维特到河边散步，看见一个身穿绿色破衣的人在岩石间徘徊，好像在寻找什么。原来这是一位因爱情失意的疯子。后来，维特知道这人原是绿蒂父亲的秘书，他爱恋着绿蒂，被绿蒂的父亲发觉后，他因此丢了差事，结果发了疯。这个故事深深地震撼了维特，他感到周围一切都是黑暗，没有任何希望……

一天傍晚，阿尔贝特对绿蒂说："为了我们自己，我请求你，想法使他对你的态度改变一下，别让他这么老来看你。据我了解，这儿那儿已有人在讲闲话啦。"绿蒂默不作声。

维特处于一种坐卧不安的状态，内心有一种莫名的狂躁，一天夜里在梦中，他把绿蒂搂在怀里，紧紧贴在自己的胸口，用千百次的亲吻堵住她那说着绵绵情话的嘴。醒来后，他回忆这令人销魂的梦境时，仍感到幸福，但更感到失望和痛苦。他辞世的决心越来越坚定了。

绿蒂下了决心，想尽一切办法打发维特离开，用行动来证明未辜负丈夫的感情。圣诞节前几天的一个晚上，维特去找她，只有她一个人在房中，绿蒂要求维特在圣诞节以前不要再见她，还要他忘掉她，维特感到苦恼不堪。这时，阿尔贝特回来了，气氛十分尴尬。维特回到家里，放声大哭。第二天，他给绿蒂写了一封信（信是在他死后才发现的），信中写道："已经决定了，绿蒂，我要去死，……一个冷酷的事实猛地摆在我面前：我生活在你身边是既无希望，也无欢乐……你可别忘了我……"

圣诞节前夜，维特怀着最后见绿蒂一面的心情，违约来到她家里。阿尔贝特碰巧有事外出了。绿蒂心慌意乱，她便坐在钢琴前，弹奏法国舞曲，但怎么也弹不流畅。她请他朗诵他翻译的苏格兰诗人莪相的诗。他全身颤抖地捧读着，眼里已噙满泪花。两股热泪也从绿蒂的眼中迸流出来，悲痛和怜悯使她动弹不得。维特浑身哆嗦，断断续续地念道：

春风啊，你为何将我唤醒？你轻轻抚摩着我的身儿回答："我要滋润你以天上的甘霖！"可是啊，我的衰时近了，风暴即将袭来，吹打得我枝叶飘零！明天，有位旅人将要到来，他见过我的美好青春；他的眼儿将在旷野里四处寻觅，却不见我的踪影……

这几句诗的魔力，一下子攫住了不幸的青年。他完全绝望了，一头扑在绿蒂脚下，抓住她的双手，把它们按在自己的眼睛上。绿蒂的神志顿时昏乱起来，抓住他的双手，把它们按在自己的胸口上，伤感地弯下身子，两人灼热的脸便偎在一起了。他用胳膊搂住她的身子，把她紧紧抱在怀中，同时狂吻起她颤抖的、嗫嚅的嘴唇来。"维特！"她声音窒息地喊，极力把头扭开。"维特！"她用无力的手去推开他和她紧贴在一起的胸。"维特！"她再喊，声音克制而庄重。维特不再反抗，从怀里放开了她。绿蒂向他投了深情的一瞥，便逃进隔壁房中，把门锁上了。维特在门前轻声唤道："绿蒂！绿蒂！只再说一句话！一句告别的话！"绿蒂不做声。他等着，央求着，最后喊道："别了，绿蒂！永别了！"

这一夜雨雪交加，他全身湿透，十一点钟才回到家里。

深夜，维特写完给绿蒂的信，然后开枪自杀了，他身上穿着同绿蒂第一次跳舞时穿的长靴、蓝色燕尾服和黄色马裤。第二天一早，用人发现维特死在地上，忙四处报告凶信。绿蒂一听便昏倒在地。当晚十一点，维特被安葬在他自选的墓地里。绿蒂的父亲领着儿子们送葬；阿尔贝特没能来，绿蒂的生命叫他担忧。没有任何教士来送葬。

原文赏读

……

一种奇妙的欢畅渗透了我整个灵魂，使它像我正倾慕的春日清晨般甜美惬意。我现在是独自一人，庆幸自己得以生活在好像专为我这种灵魂创造的环境里。我的好人，我快乐极了，完全沉潜于静止存在的感觉中，艺术工作已搁置一边。我目前难以作画，一笔都不成，而就在这一瞬间，我比任何时候都更接近于一个比较伟大的画家。当可爱的山谷周围升腾起雾霭，高高的太阳憩息在浓密幽暗树林的顶端，只有一缕缕光芒偷偷射入这片林中圣地，我躺卧在潺潺泉水边的茂盛草丛里，贴着地面细细观察小草千姿百态的风情，当我感觉到草茎间有个小虫飞蛾的难以测度的小世界正贴着自己的心，我就感到了万能上帝的存在，他按自己的设想创造了我们，我就感到了博爱天父的气息，他答应我们遨游在永恒的欢乐之中。亲爱的朋友，当我的眼睛模糊，周围的世界和天空就像爱人的形象已溶入我的灵魂——我就总是希望：唉，假如能够再现，假如能够写下活跃在你心中的这般丰富、这般温柔的东西，该有多好，它会成为你灵魂的镜子，正如你的灵魂是万能上帝的镜子！——我的朋友，然而我失败了，我完全折服在大自然壮美景象的威力之下。

……

各式各样人物我已经结识很多，知己却未能觅得。我不知道自己到底有什么地方吸引人，居然使那么多人欢喜我、仰慕我，而让我心里悲伤的是：其实我们只同行了一段很短的路程。假如你问这里的人怎样，我必定对你说：到处都一样！人类真像一个模子铸造的东西。大多数人为谋生而耗尽一生的大部分时间，只剩余一点点空闲时间，却又为之焦虑不安，千方百计予以消磨。唉，人啊，人啊！

然而人又全都那么善良！有时候我忘了寂寞独处，就和他们一起共享人类还会玩味的乐趣，或围坐在一桌美味佳肴前坦诚地谈笑，或及时举办一次郊游，一场舞会，或其他诸如此类活动，全都对我大有裨益。只是我仍未能忘怀，自己还有很多潜藏的力量，不仅未获施展而日益枯萎，而且还得小心翼翼地掩饰起来。唉，想到这里我的心就缩紧了。——但是遭受误解竟是我们这类人的命运!

唉，我青年时代的女友已经消失，唉，我为什么要认识她!——我真该说："你是个傻瓜。你追求人世间并不存在的东西!然而我的确拥有过她，感到过她的心，她的伟大灵魂，与她同存好像提高了我，因为我也能成为自己愿望所要做的人。仁慈的上帝啊，那时我难道有一丝一毫心灵力量不曾发挥么?我难道不曾在她面前抒发我一心一意拥抱自然的整个奇妙感情么?我们的交往难道不是以最细腻的感觉、最敏锐的睿智织成的永恒的锦缎?而全部这一切，即或是儿童式的淘气也无不烙上了天才印记。而现在，唉，她大我几岁，也比我更早进了坟墓。我永远不会忘记她，不会忘记她坚定的信念和上帝般的宽容精神。

几天前，我碰见一位年轻人，是个长相讨人欢喜的开朗青年。他刚离开大学，虽未自封才子，却总认为比别人知道得多。我从各方面观察到他为人勤奋，总之，可算是个有学问的青年。当他听说我擅长绘画，还懂希腊文(在此地可称是两大奇能)，便跑来看我，向我展示了他的渊博学识，从巴托谈到伍德，从德皮勒谈到温克尔曼，并向我保证，他已通读过苏尔策《美学原理》第一卷，他还拥有一份海纳研究古希腊罗马的手稿呢。我听任他夸夸而谈。我还结识了一位高尚人物，是侯爵给这座小城任命的地方官员，为人坦率真挚。人们传言，只要见过他和九个孩子在一起的人，都会觉得灵魂欢畅。人们对他的大女儿尤为津津乐道。他已邀请我，我也打算尽早去访问。他住在侯爵的一幢猎庄上，离城有一个半小时路程，他是在妻子死后获准迁居猎庄的，继续住在小城官邸里未免太让他触景生情了。

此外，我还邂逅了若干装模作样的人物，言行举止令人憎厌，我难以忍受他们表示的亲近。

好了，这封信会合你心意的，所述全是纪实。

……

人生似梦，很多人有此感触，我也总是产生此感。当我目睹人类的创造和研究能力受到限制。当我亲见人们进行活动无不出自私欲，而这些欲望仅是延长我们可怜的生命，并没有任何目标之时，随后呢，我又发现一切试图从探索理想目标以获得慰藉的行动都是枉然，就好像一个被囚禁的人在狱墙上描绘种种色彩缤纷的形象和光辉夺目的景色——这一切，威廉啊，都让我哑口无言。我返回到自身以发现另一个世界！这里也同样满是预感和模糊的希望，却缺乏创造力与勃勃生气。在我的感官意识里，一切事物都漂泊不定，于是我微笑着又继续梦幻地走进现实世界。

全部学识渊博的校长、教师们都公认，只要儿童都不知道自己要什么，为什么要，却不知道成人们也都是在大地上盲目奔波，既不明白来自何处，也不清楚要去何方，他们的行动很少有明确目标，而时常受到饼干、蛋糕和桦木棍的支配；没有人愿意相信这些，我却看得清楚明白。

我知道你听了我这些话会说什么，我愿意向你承认，那些像儿童般懵懂活着的人是世上最快乐的人，每天和布娃娃打交道，替它们脱衣穿衣，抑或一个劲儿绕着妈妈藏饼干中心的抽屉转悠，直到最后如愿以偿，两个腮帮子鼓鼓的，却大喊着："还要，还要！"——这些人才快乐呢。还有就是那些把自己的愚蠢事业抑或干脆是个人私欲贴上华丽标签，美化为造福人类的伟大行动，他们也是快乐的。——只要能够这样做的人都可算作快乐者！而谁若是天性谦逊，就可认识到一切事物的结果，他会看到每一个知道巧妙地把自己的花园修饰成天堂的市民，是快乐的，也会看到不幸者如何孜孜不倦在重担下气喘吁吁地继续前进，却全都相同有兴趣于尽情享受太阳的光辉，哪怕仅仅延长一分钟——不错，这样的人是心境宁静的，也会在心中建造一个世界，而且也是快乐的，因为他是一个人。所以他虽然受到重重限制，却永远在心中保留甜美的自由感觉，他知道，他随时都能够离开他的牢笼。

……

只要使人快乐的东西，总又会成为他不幸的源泉，难道事情都必定如此？

我的心对生机勃勃的大自然一向充满温暖的感情，它使我浑身充满喜气，把我周围的世界变成了天堂。但现在它却对我无情折磨，成为四处追逐我的残忍恶鬼。从前，我常在山崖上眺望河对岸山岭间那些肥沃的峡谷，看到周围的一切无不生意盎然，欣欣向荣。我看到起伏的群山从山脚到峰顶都覆盖着高大茂密的树木，蜿蜒曲折的峡谷隐藏在最可爱的树林绿荫里，缓缓的河水从飒飒响的芦苇间悄悄流过，轻柔的晚风吹拂着白云在天空轻轻飘动，在水面上投下可爱的倒影。接着，我听见群鸟在树林里活跃啼唱，亿万只小昆虫在夕阳的余晖中翩翩起舞。那最后几束颤动的光线也惊醒了草丛里的甲虫，周围嘤嘤嗡嗡一片熙攘纷乱使我低头注意地下，苔藓从坚硬的岩石里摄取养料，灌木丛从瘦瘠的沙岩上倒悬生长，一切都向我揭示了大自然内在的、炽热的、神圣的生命力。我把这一切都摄入了自己温暖的心，感觉自己完美充实近似神道，那无穷无尽世界的壮美景象都活生生地在我的灵魂深处搏动。巍峨的群山环抱着我，深深的幽谷躺在我脚下，一道道瀑布奔腾直下，汇成汹涌河水，树林和山谷也同声鸣响。我观察到一切都在地球深处那不可测度的力量中互相影响、互相作用。同时，在地面上和天空下到处都蜂拥着一代又一代千姿百态的生物。宇宙间一切居民以千差万别的形态栖息其中。而人类为求安全都聚居在自盖的小屋里，竟自以为统治着这辽阔的世界！可怜的傻瓜！因为你自己如此渺小，便把一切都看得微不足道。——越过高不可攀的深山，穿过人迹未至的荒原，直到迄今无人知晓的大海的尽头，无处不存在着永恒造物主的精神，就连每一颗小小的尘埃也为他赋予自己生命而欣喜。——啊，那时候，我曾多少次梦想着长一双翅膀，像飞过我头顶的仙鹤，飞向无边无涯大海的彼岸，从“无穷尽”的泡沫翻腾的酒杯中汲饮那无限高涨的生之狂喜。我要凭自己胸中受限制的渺小力量去感受那拥有并创造了一切的造物主的一滴福祉，哪怕仅有一瞬间。

我的兄弟呀，仅仅回想那些时刻，我心里就很欢畅。就连今天这番重述往事的努力，追忆那些不可言传的感情，也大大净化了我的灵魂，却也使我加倍地体会到目前境遇的苦恼。

我的灵魂前好像有一道帘子给拉开了，千变万化的生活舞台在我面前变成了永远张开大口的死亡深渊。你能够说：这就是“存在”么！难道一切不都是过眼烟云？世上的一切无不雷鸣电闪般刹那即逝，少见有哪一种存在是真正耗尽所有精力而消失的，啊！难道它们没有被洪流卷走、淹没，没有在岩石上撞得粉碎？你和你周围的所有，无时无刻不在被吞噬，而你也无时无刻不在做一个破坏者，必须如此。一次最最无害的散步就要以千百条可怜虫子的生命为代价，仅仅一举足就会摧毁蚂蚁们辛苦营建的巢穴，把一个小小世界踏成一片坟墓。唉！让我痛苦的不仅是世上种种少见的大灾难，不是冲走你们村庄的大洪水，不是吞噬你们城市的大地震，毁坏我心灵的是潜藏在天地万物自然本质里的破坏性力量，它什么也不创造，却毁坏着与它接近的一切，也毁坏着自身。我惊骇得步履踉跄。我周围是苍天、大地及其活泼泼的生命力，然而我所能看到的只是一个永远在吞噬、永恒在反刍的庞然巨物而已。

……

我们在他的纸堆里又找到另一张字条，从字条所述内容看来，或许它正充分暴露了他和阿尔贝特的关系。

> 我对自己说了多少次，他是个好人，正派人，这又有什么用呢，我的内脏都给撕碎了。我永远学不会符合时宜。

这是一个温暖傍晚，积雪已渐渐融化，绿蒂和阿尔贝特一起步行回城。途中绿蒂不断左右张望，好像少了维特陪伴难以定心。阿尔贝特便开始议论维特，在指责的同时，还尽量保持公道。他提到他那种不幸的热情，希望和他尽可能地疏远关系。——“这也是为了我们自己呀，”他说，“我请求你，”

他接着又讲，“让他改变对你的态度，不要过多拜访你。人家已经在注意了，到处都有人说你们的闲话呢。”——绿蒂沉默不言，阿尔贝特好像感觉到了那种沉默的含义，至少从此再也没有向她议论维特，而且当她提到维特时，他要么不答话，要么把话题岔开去。

……

亲爱的威廉，我现在的状况肯定是一切不幸者都经历过的，人们深信他们受着恶鬼的驱赶而四处奔走。我总是深感不安——不是恐惧，不是希望，而是某种莫名的狂躁，几乎要撕裂我的胸膛，扼断我的咽喉！难受啊，难受啊！于是我只得跑出门外，在这种与人为敌的季节里到恐怖的夜幕下胡乱徘徊。

昨天夜里我又必须跑出去。融雪天气突然来临，我听见人们说，河水泛滥，溪水也猛涨，大水沿瓦尔海姆而下，把我心爱的山谷全淹没了！夜里十一点我跑了出去。我看到了怕人的景象，汹涌的洪水从山崖上直泻而下，在月光里翻滚旋转着漫过了田地、牧场、树篱和野外的一切，在狂风呼啸声中，广阔的峡谷变成了一片沸腾咆哮的海洋！尤其当月亮重新显现，静静憩息在乌云之上，河水映射着它那带有可怕色彩的美丽光辉，轰隆隆滚滚流过的时候，我心里顿觉不寒而栗，同时也产生了一种希望！啊，我面临深渊张开了双臂，我喘息着想道：跳下去吧，跳下去吧！我要连同我的痛苦、我的麻烦一起跃入激流，在狂喜中失去我自己，像波浪般汹涌前进！噢，——但我却没有力量抬起双脚，没有力量结束一切苦恼！——我的时辰还不曾到来，我自己感觉到了！噢，威廉，假如我能够随同狂风撕裂云层，制伏洪水，我多么乐于付出自己的生命！啊，或许这位遭囚禁者连这种欢乐也不容许分享？——

我俯瞰着山下的一小片草地，我和绿蒂某次散步走累了曾在那里的一棵柳树下休憩，——那儿也被淹了，我几乎认不出那棵老柳树来！威廉呀！我心里又想到了她家的牧场，还有她家周围的地方！我们的小凉亭这会儿恐怕也已被激流冲毁得不成样子了吧！我想着，一缕往昔的阳光又照进了我的心，如同一个囚犯梦见了羊群、草场和自己的荣升高官！我站立不动！——我不再批评自己本该有勇气去死而未死。——我本该……而我现在却坐在这儿，像个从篱笆上拾柴火和挨家挨户乞讨的穷苦老婆子，只是苟延残喘地打发自己所剩无几的风烛残年。

这是怎么回事，亲爱的朋友？连我自己也大吃一惊！难道我对她的爱不是最神圣、最纯洁、最诚挚的么？难道我的灵魂深处曾有过一次该受惩罚的欲念么？——我不想作什么保证——但是，现在我却做这些梦！哦，那些把人类心中的自相矛盾归咎于不可知力量的人，他们的感觉太正确了！把它说出来，都让我浑身发抖，这一夜我搂抱着她，紧贴在自己心口，用无数个甜吻盖住她情话绵绵的嘴唇，而我的眼睛只是吸吮着她目光中的朦胧醉意！上帝啊，我怀着无限虔诚回忆这炽热欢乐时刻，至今仍感觉一种至高无上的快乐，难道我应该受惩罚么？绿蒂啊，绿蒂！——我已经完了！我的神志昏乱，整整八天来我毫无思考能力，眼睛里满是泪水。我到哪里都不自在，又觉得到处都过得去。我一无所需，一无所求。我还是走了吧，或许这样更好些。

……

这段时期里绿蒂的心情如何，她对自己的丈夫，对她不幸的朋友到底有什么想法，我们都难以用语言来描绘，虽然我们由于熟知她的性格，能够偷偷作出判断，而只有一颗美丽的女性的心才能够设身处地体会她的思想和感情。

千真万确的事实是，她已下定决心，要千方百计疏远维特，假如她还在犹豫犹豫，那也是出于对他真诚友好的爱护，因为她知道，这将要维特付出多大代价，不错，这于他几乎是不可能的。但是这段时期里，客观情况越来越逼迫她认真采取行动。他的丈夫已绝口不向她提及维特，就像她也一直对此保持缄默一样，因而她更加觉得有必要通过行动向他证明，她是尊重他的道德观念的。

维特是在圣诞节前的星期天给他的朋友写了上述最后那封信的，就在同一天的傍晚，他去看绿蒂，发现她独自在家。绿蒂正忙着整理圣诞节时送小弟妹们的玩具。维特便说孩子们一定会高兴得不得了，又说，当房门出乎意料地打开的时候，当一棵装饰着蜡烛、糖果和苹果的亮丽圣诞树突然显现在眼前的时候，大家会多么欣喜若狂，如同进了天堂。——“你也会的，”绿蒂说，用一个甜美的微笑掩盖自己的窘迫，“你也会得到一些礼物的，只要你真的肯听话，你会得到一支圣诞蜡烛和别的什么的。”——“什么叫听话呢？”维特嚷起来，“我该怎么办呢，我能做什么呢，最善良的绿蒂？”——“圣诞夜在星期四晚上，”她说：“孩子们都要来这里，还有我的父亲，每人都会得到一份礼物，你也来吧——不过这天以前不要来了。”维特听了一怔。“我求你，”她往下说道，“事情唯有这样，我求你为了我的安宁这么做吧，不能，再也不能继续下去了。”维特转开眼睛不去看她，只是自顾自在房里来回走动，嘴里喃喃念叨着“再也不能继续下去了！”绿蒂感到这句话把他推入了一个恐怖的境界，便想方设法提出种种问题来转移他的思路，却是枉然。“不，绿蒂，”他大喊道，“我再也不会来见你了！”——“为什么这样说？”她插嘴道，“维特，你应该来看我们，必须来看我们，只要稍加节制就行了。噢，为什么你天性这般激烈，一旦欢喜上了什么就热情似火难以约束。我求求你，”她拉着维特的手继续说道：“你要节制自己呀！你的天资，你的学识，你的才华，无不可以给你提供各种各样的欢畅啊！拿出男子汉气概来，把这种悲苦的思恋从我身上移开吧，除了怜悯你，我什么也不能做啊！”维特把牙齿咬得格格响，阴郁地望着她。绿蒂握着他的手。“请你冷静一会儿吧，维特！”她说，“难道你不觉得你是自己欺骗自己，存心灭亡自己么？为什么非要我不可，维特？非要我这个另有所属的人？只要我一个人？我怕，我害怕仅仅由于不可能占有我，才使这个愿望如此具有魅力。”他从她手里抽回自己的手，目光呆呆地、气恼地望着她。“聪明！”他高声说，“太聪明了！或许是阿尔贝特教给你的吧？手腕高明！多么高明啊！”——“谁都会对你这么说的，”她答复说，“世界这么大，难道找不到一个合你心意的姑娘？请你努力去找吧，我发誓，你会找到她的。为了你，也为了我们大家，我已经担心很久了，只为你这一阵子尽钻牛角尖，我怕你难以自拔呀。打起精神来吧！去旅行一次，你得散散心！去找吧，寻找一个值得你爱的姑娘，然后回来和我们团聚，让我们一起品尝真正友谊的快乐。”

……

他上了床，睡了很久。第二天早晨，仆人听见他呼唤便送咖啡进去，发现他正在写信。他在给绿蒂的信里又添加了下面这一段。

> 这是最后一次，这是我最后一次睁开眼睛。哦，它们将要永远见不到太阳，永远被一个阴暗而模糊的日子挡住。大自然，请哀悼吧！你的一个儿子、一个朋友、一个亲爱者，快要走到尽头了。绿蒂呀，当一个人对自己说：这是最后一个早晨时，他的感觉是无可比拟的，最为接近的只有那虚无飘渺的梦境。最后一个！绿蒂呀，我完全难以想象这个词的含义：最后一个！我现在不是还精力充沛地站在这里么，可明天就会直挺挺、冷僵僵躺倒在地。死亡呀！什么叫死呀？你看，我们一谈到死亡，就好像在做梦。我曾见过一些人死去，但是人类生来就受到极大的局限，他们对自己存在的开端和终结都毫无认识。目前这一刻我还是我自己的，是你的！哦，亲爱的人，我是你的！但是刹那间——离开了，分别了，——或许是永别？——不，绿蒂，不，——我怎么能消逝呢，你怎么能消逝呢？我们都存在着呢！——消逝！——这是什么意思？不过是一个字词，一个空洞的回声，在我心里引不起任何感受。——死，绿蒂呀！就是被埋在冰冷的泥土里，那么狭窄，那么阴暗！——我曾经有过一个女友，在我天真无知的青年时代，她是我心中的一切。后来她死了，我随人送她的遗体到墓旁，看着人们把她的棺材放入墓穴，又嚓嚓地把绳子从棺材底下抽上来，当第一铲土抛向那令人害怕的盒子时，发出了沉闷的响声，声音越来越沉闷，越来越沉闷，最后完全填满了！——我猛然扑倒在墓前，——我的心中震惊、惶恐、完全破碎了，然而我并不清楚自己出了什么事——还会出什么事——死亡！坟墓！我全不理解这些词的意义！

啊，谅解我！谅解我！谅解我昨天的事！希望那是我生命的最后一刻。噢，你这天使啊！这是第一次，第一次在我心中深处腾起了毫无怀疑的狂喜之情：她爱我！她爱我！从你嘴唇向我涌流的神圣火焰还在我唇上燃烧，让我的心充满了温暖的欢乐。谅解我！谅解我吧！

啊，我知道，你是爱我的，从你第一次充满温情的目光，从我们第一次握手时，我就知道了。可是后来，当我离开了你，当我看到阿尔贝特待在你身旁时，我就又焦虑起来，产生了怀疑。

你还记得你送给我的那些鲜花么？在那次不愉悦的聚会上，你既不能和我谈话，也不能和我握手，便送了我那些花。哦，我在花前跪了半夜，它们证实了你对我的爱啊。然而，唉！这些印象都已消逝不见，就像一个虔信上帝的基督徒，他曾全身心感受神圣的显灵，而这种来自上帝恩赐的感情也渐渐从他心里消逝一样。

世上的一切无不须臾即逝，而昨天我从你嘴唇上品味到的炽热的生命之火却永远不会熄灭，我现在还感觉它在我心里燃烧哟！她爱我！这胳臂拥抱过她，这嘴唇曾在她唇上颤动，这张口曾在她口边轻声细语。她是我的！你是我的！是呀，绿蒂，你永远是我的。

那么，阿尔贝特是你丈夫又有什么呢？丈夫！难道世上的人会认为——会认为我爱你，想把你从他的怀抱中夺到我的怀抱，是对世界犯了罪？是罪孽么？好，我情愿为此受罚。因为我已经尝到了它那纯粹的天堂般的快乐，我已经从这罪孽中汲饮了生命的琼浆玉液，它们加强了我心中的力量。从这一时刻起你就是我的了！你是我的，噢，绿蒂！我要先走了！去见我的天父，也是你的天父。我要向他诉说我的不幸，他会给我安慰，直至你到来，那时我会飞向你，会拥抱你，我将当着永恒的上帝的面，和你永恒拥抱在一起。

我不是在做梦，不是在妄想，我越是接近坟墓，心里越发清楚。我们会再见面的！一定会再见面的！我们会见到你的母亲！我会去找她，去看她，啊，我会向她倾诉衷肠！你的母亲和你本是一体呀！

将近十一点时，维特问他的仆人，阿尔贝特可曾回来？那仆人回答说，不错，他已看到他骑马跑过去。于是主人交给仆人一张没有封口的便条，内容如下：

我打算出门旅行，可否把手枪借我一用？谨祝一切如意！

这天晚上可爱的绿蒂几乎彻夜未眠。她所害怕的事终于决定下来了，而且是在她完全不曾预料和难以操心的情况下决定下来的。她一向非常纯洁非常轻快地流动的血液，如此沸腾激动起来，千百种柔情愁绪搅乱了她美丽的心灵。这是维特拥抱她时传染给她的爱火呢，还是因他的大胆放肆而惹起的怒火？还是她把自己目前的境遇与已往无忧无虑、纯洁无邪、充满自信的日子作了比较，因而深感愤懑呢？她该怎样面对自己的丈夫呢？她怎能向他说清那一幕呢，她本当直言不讳，却又多么难以启齿？她和丈夫之间已经长期相对无言，难道不该由她打破沉默，向他坦白这一出人意料的情况，即使是在不太合宜的时候？她早就担心一提起维特来访就会导致丈夫不快，何况还有那场出人意料的灾难呢！难道她竟能希望自己的丈夫会不带任何偏见地对待这件事，会完全明智地看待自己么？她难道能够希望丈夫愿意了解她的心迹么？另一方面，难道她能在丈夫面前掩盖自己么？她向来对丈夫就像水晶般清澈透明，从未有所隐瞒——现在也不会隐瞒自己的任何感情。她左思右想也没有万全之策，感到非常困扰。她的思绪又再三回到维特身上，她已失去他，却又不能舍弃他，而又必须丢弃他！还想到维特一旦失去了她，就等于什么也没有了。

她和阿尔贝特之间显现的隔膜，她一时间也不清楚这对自己是个多么沉重的负担！这一对本来非常理智、非常善良的人由于一点点难言的分歧而相对无言了。各人都以为自己正确而对方错误，事情便越来越复杂，越来越缠绕不清，以致到目前这个生死攸关时刻竟变成了一个解不开的死结。假如他们早一些恢复以往那种快乐的信赖关系，假如他们能够愉悦地沟通爱情和宽容感情，使心胸得以开阔，那么我们的朋友或许还能得救。

此外还有一个特殊情况。维特希望离开这个世界，他从不隐瞒这一点，我们从他的信中也早已看到。阿尔贝特常为此和他发生争论，绿蒂有时也和丈夫谈到这个问题。阿尔贝特绝对否定这种行为，他甚至总是一反常态地以非常激动的形式表示，他有充分理由怀疑维特这一打算的严肃性。他也着实嘲弄过维特几回，还把他的不相信感觉传染给了绿蒂。这些话的确使她在想到那幅悲惨景象时获得若干抚慰，却同时又是一种阻碍，使她不能把刹那间泛起心头的忧愁告诉自己的丈夫。

阿尔贝特回家了，绿蒂急忙过去迎接，神色却有点窘迫。他情绪不佳，事情没有办成，他发现邻区的那位官员是个胸襟狭窄的小人，道路的难走更增添了他的恼怒。

他问家里可有什么事情，绿蒂慌慌张张地回答：维特昨晚来过。他又问可有信件，她回答有一封信和一个包裹放在他的书房。他便向书房走去，留下了绿蒂一人。她所爱和尊敬的丈夫的归家，使她心里产生了一种新的感觉。她回想到他的高尚、他的爱情的慈爱善良，心情便宁静多了，她觉得有一股奇特的吸引力吸引自己跟随他，便像往常一样拿起活计走进了他的书房。她看到阿尔贝特正忙着开包裹和读信。信里好像有些令人不快的事情。她问了他几句话，他回答很简短，接着坐到书桌前写起信来。

他们就这么待了一个钟点，绿蒂的情绪渐渐阴郁起来。她感到，即或他心情极好，她也很难把压在自己心头的种种事情向他剖白。她落入了一种越来越恐怖的痛苦境地，因为她既要隐藏一切，又要把眼泪吞回去。

维特仆人的显现使她非常狼狈。仆人把便条交给阿尔贝特，他读后漫不经心地转过头对妻子说：“把手枪拿给他，”——接着又对那年轻人说：“我祝他旅途愉悦。”这些话落入绿蒂耳里正如响了一声霹雳，她摇摇晃晃站起来，不知自己在做什么。她一步步挪到墙边，战战兢兢地取下了手枪，拭去了枪上的尘土，却还是犹豫不定，假如不是阿尔贝特向她投去一个询问的目光，逼迫了她，她或许还会长久地拖延下去。她把那不祥之物递给了仆人，却一句话也说不出来。当仆人走后，她便收拾起活计，回到了自己房内，心里七上八下非常忐忑不安。她一会儿决心跪倒在丈夫脚前，向他坦白一切，坦白昨夜发生的事，诉说自己的过失和预感。一会儿她又觉得这么做不会有好结果，想说服自己丈夫去维特那里的希望是微乎其微。餐桌已经摆好，她的一位女友来问点什么事，本打算走了，又被留下来用餐，这使席间的气氛稍稍轻松些。她约束住自己，谈着谈着，暂时忘了自己。

仆人拿着手枪回到维特房里，他一听说枪是绿蒂亲手所递，便狂喜地一把夺去。他吩咐端来面包和酒，让那仆人自去用餐，自己却坐下写起信来。

手枪是你亲手所交，你还拭去了枪上的灰尘，我吻了千百次，因为你曾接触过它。是你呀，天上的神灵，是你庇护了我的决心，而你呀，绿蒂，是你递给我这个武器，我曾希望从你的手里接受死亡，哦！现在我如愿了！我盘问过我的仆人。你递给他枪时，你在发抖，你也没有说一句话与我道别！——痛心，痛心啊！为什么没有一句道别的话！——难道在我将和你永恒联在一起的瞬间，你的心却要对我关闭？绿蒂啊，再过一千年也抹不掉你在我心中的形象！我也感觉到，对一个如此炽热爱你的人，你是不可能憎恨的。

饭后，维特吩咐仆人把一切都捆扎整齐，又自己撕毁了很多信纸，接着又出门处理了几笔小债务。他办完事回家不久又跑了出去，冒雨走进伯爵的花园里，又在附近转悠徘徊，直至夜幕降临才回转家中，而且写了信。

威廉，我最后一次去看了田野、树林和天空。我也向你告别了！亲爱的母亲，谅解我吧！威廉，请你安慰她吧！愿上帝保佑你们！我所有的事情已料理完毕。别了！我们会在更欢乐的世界里再见的。

阿尔贝特，我对不起你，请谅解我吧。我破坏了你们家庭的和睦，造成了你们夫妇的隔阂。别了！我自愿结束这一切。噢，希望我的死给你们带来快乐！阿尔贝特，阿尔贝特呀！让那位天使快乐吧！你这么做上帝定会保佑你！

晚上，他又花了很多时间处理自己的信稿，撕碎和焚毁了很多纸张，然后在若干写着威廉地址的邮包上加了漆封。包里是一些文稿，一些散文随笔之类，我也已读过其中的若干篇。大约十点钟时，他添旺了炉火，让仆人送来一瓶酒，便打发他去睡觉。这位仆人的房间和其他仆役的房间一样都在离得很远的后院，他一回房就和衣躺下了，以便次日一早就去伺候主人。因为主人告诉他，邮车清晨六点就会来到门前。

深夜十一时后

我周围万籁俱寂，我的心也同样宁静。我感谢你，上帝，感谢你在这最后时刻给予我温暖和力量。

我的好友呀，我走到窗前仰望夜空！在汹涌逝去的乱云间，我看到了，我仍然看到了永恒的天空中有一颗颗星星！不，你们是不会殒落的！永恒把你们，把我都承担在他的心上了。我望见了一切星座中最美丽的北斗星。每当我夜晚离开了你，一走出你家大门就看到它高高在我头上。我总是望着它心里如醉如痴！我总是向它伸出双手，把它看做一种标志，看做自己眼前快乐的神圣吉兆！——还有——哦，绿蒂，无论什么东西都让我想到你，你无时无刻不在我周围！我不是像一个小男孩么，只要你圣洁手指碰过的一切小玩意儿，我都贪得无厌地抓过来据为己有！

亲爱的剪影呀！我把它遗赠给你，绿蒂！并请你一定珍藏它。我曾千百次、千百次在上面印上热吻，每逢出门或回家，我都要向它挥手致意。

我给你父亲留下一封短简，恳求他保护我的遗体。在教堂墓地后面朝向田野的那个角落里，长着两棵菩提树，我愿在那里长眠。他能够，他也一定会替一个朋友办成这件事的。我请你也求求他。我不愿勉强虔诚的基督徒让他们的遗体躺在一个可怜的不幸者旁边。唉，我倒乐意你们把我葬在路旁抑或幽寂的山谷里，让过往祭师和利未人在我墓碑前祝福，让撒玛利亚人洒下一滴眼泪。

到时候了，绿蒂！我握住这冰冷、恐怖的死亡之杯心里毫无畏惧，我快要喝下这死亡的佳酿！你把它递给了我，我绝不犹豫。一切，全部的一切！我生活中的一切心愿和希望就此圆满完成！我将非常冷静、非常坚定地去叩开冥界的铁门了。

绿蒂呀，我希望能够享有为你而死、为你献身的快乐！我愿意勇敢而愉悦地死去，只要能够给你带来安宁，使你的生活恢复从前的欢乐。可是，唉，古往今来仅有极少数高尚者愿为亲人抛洒热血，并以自己的死亡为亲友们鼓起新的、百倍的生活勇气。

绿蒂呀，我愿意就穿着身上这套衣服下葬，你曾接触过它们，让它们变得神圣了。我也为此在信上恳求了你的父亲，我的灵魂将在棺材上飘游。不要让人翻我的口袋。这个粉红色蝴蝶结是我第一次在你弟妹中间看到你时，你戴在胸前的……哦，替我千百次亲吻他们吧！把他们不幸朋友的故事告诉他们吧。可爱的孩子们呀！他们是怎样围在我身边的呀！唉，我多么依恋你，从我第一眼见到你就再也离不开你了！——这个蝴蝶结要和我葬在一起。那是我过生日那天，你送给我的。我是如何希望接受这一切的呀！——唉，我没有想到，我的结局会是这样！——请镇静！我求求你，一定要镇静！——

子弹已经装上——钟敲了十二点！该了结啦！——“绿蒂！绿蒂，别了！别了！”

有位邻居看到火光闪了一下，又听见了射击声，因为随后一切都复归寂静，他便没有继续留意。

第二天清晨六点，仆人端着烛台走进房来，发现主人倒在地上，身旁是手枪和血。他呼唤着，把维特抱起来，维特已不能说话，只是还在喘气。仆人飞跑去请大夫，又去找阿尔贝特。绿蒂听见门铃声，浑身就开始发抖。她叫醒丈夫，两人下了床，那仆人哭喊着，结结巴巴报告了凶信，绿蒂顿时就晕倒在阿尔贝特身前。

等大夫赶到不幸者身边，发现躺在地上的维特已经没救，脉搏还在跳动，四肢却已僵硬。子弹从右眼上方穿过头颅，脑浆也迸出来了。大夫完全多余地割开他胳臂的一条脉管，血流淌着，他却仍在喘息。

从靠椅扶手上的血迹可以判断，他是坐在书桌前完成此举的，随后摔倒在地上，由于疼痛而在椅子周围痉挛转动。最后他再也无力动弹，面对窗户仰卧地上。他整齐地穿戴着那套心爱服装：高筒靴，蓝色燕尾服，黄背心。

房东一家、邻居以及全城居民都给惊动了。阿尔贝特走进房来。人们已把维特放到床上，额头也已包扎，脸色却已像死人，四肢完全僵直，只有肺部还发出恐怖的哮喘声，时轻时重，大家都盼他早点咽气。

他昨晚要的酒只喝了一杯。书桌上摊着一本《艾米莉亚·迦洛蒂》。

关于阿尔贝特的震惊和绿蒂的悲痛，我这里就不多说了。

绿蒂的年迈老父闻讯后匆匆骑马赶来，泪流满面地亲吻了垂死的维特。他的几个稍大些的儿子也接踵赶来，他们扑倒在床前以描述他们的极度痛苦，他们不断吻着他的手和嘴，尤其是维特一向最欢喜的老大更吻着他不肯松嘴，直到维特断了气，大家才必须把孩子强行拉开。他死于正午十二点。由于官长亲临现场，又采取了措施，才防止了一场骚乱。当日晚上十一点左右，他令人把维特安葬在他自己选定的墓地里。老人领着儿子们跟随在遗体后面。阿尔贝特不能来，绿蒂的生命让他担心。几个工匠抬着维特。没有任何教士为他送葬。

邻人儿女的姻缘

两个年纪相当，门当户对，都出身于名门望族的小邻居，一个男孩，一个女孩，将来有一天完全可以结为伉俪。人们怀着这种美好的愿望让他们二人一同玩耍，一起成长，双方父母本想促成这一对儿女的婚事，盼望他们长大成人后能够结为夫妇。但是很快人们就发现，这种期望似乎不会有什么结果，因为这两个出类拔萃的孩子相互之间总是有一种不同寻常的憎恶情绪。显得有些格格不入，或许是他们彼此的性格太相近了。他们两个人都有些骄傲，任性，固执；他们各自都受到一起玩耍的同伴们的热爱和尊敬，但是只要两个人在一起，他们就是死对头；每个人都总想树立自己的威信，因此两个人碰到一块儿便互相攻击对方；他们虽然总为一个目的进行争斗，却并非为一个目标展开竞争，原本他们都是绝对听话可爱的孩子，只是两人之间总是互相仇视，有时甚至彼此恶狠狠的，大有势不两立的劲头。

两人之间这种奇特的关系在孩童时的戏耍的游戏中已经初现端倪，随着年龄的增长，并没有一点改变。男孩子经常分成两队人马，互相进攻并进行顽强的抵抗，玩打仗的游戏。这个好胜的女孩不但乐于参加他们的游戏，而且成为其中一队人马的首领，也是这样的勇敢顽强。他们以无比的勇气，甚至拳脚相加，与另一方进行了一场激战，对方差点儿被打得溃不成军，多亏那男孩英勇善战顽抗到底，最后挺身而出解除了她的武装并捉住了她，他们才免遭失败的厄运。但是即使在这种情况下，那女孩仍在猛烈不断地挣扎反抗，又打又抓，那男孩为了在保护自己的眼睛的同时，也不伤害他的女对头，不得不扯下系在自己脖子上的丝绸围巾把她的双手在背后捆绑起来。

为了这，她非但不能原谅他，甚而，她还不停地秘密地寻找机会报复他。双方的父母早已注意到这种不寻常的对立情绪，相互间达成协议，决定放弃结成儿女亲家的美好愿望，把这一双互相仇视的冤家对头分开。

那男孩在新的环境中不久便崭露头角。每一门功课都名列前茅。他自己本身的爱好和他的监护人的意愿都决定要他成为一名军人。他到任何地方，都受到喜爱和尊敬。他那卓越的天性仿佛只是带给他人幸福和愉快的感受，但他却从未真正意识到，他的幸福乃是忘却这个世界给他安排的唯一对手。

相反，那女孩的情况却忽然发生了相当大的变化。随着年龄的增长和不断地接受教育，还有内心所产生的某种莫名的感觉，促使她脱离了过去常喜欢与男孩子们一起嬉戏玩耍的粗野行径。她总觉得心里空落落的若有所失。在她周围，好像再没有什么东西值得她去憎恨，也没有哪一个人使她觉得亲近。

这时，有一个年轻人对她一见钟情，他把自己全部的爱情都倾注在她身上。他年长于那个过去的冤家邻居，有地位，而且富有，是举足轻重的人物，在社交界深得人心，受到大家的尊敬，有不少女人追求他。这女孩平生第一次有了一个男性朋友，一个对她如此毕恭毕敬的追求者和奴仆。在许多比她年长，比她更讲究有教养，更出色的姑娘中，他优先选择了她，这可以说是她的福气。他从不死死地纠缠，却不断地向她献殷勤；在各种不愉快的事件中，他总是真诚地维护她，帮助她摆脱各种困境；他坦诚地、真心实意、满怀希望地向她的父母提出了求婚的请求，因为她的年纪还小，他愿意耐心等待；这一切都使她对他产生了好感，加之世人对他们的关系皆已认可，因为大家对此早已习以为常，于是她常常被别人指为他的未婚妻子，甚至到最后连她自己也认为，她就是他的未婚妻。不管是她，还是其他什么人，都没有想到，除了他们之间交换结婚戒指之外，看起来不需要任何考验了，因为他被众人视为她的未婚夫已经不是一天两天的事，而是有相当长的时间了。

他们的事情进展稳定，即使是订婚也没加速事情的进程。双方愉快地在一起相处继续听其自然发展，都心安理得地把这一段美好的时光当成未来较为严肃的婚后生活以前的春天来尽情享受。

与此同时，远在他乡的邻人之子已出落得仪表堂堂，并且颇有成就。现在他重返家乡休假探亲。两个过去的仇家不期而遇，当面对这位漂亮的邻居之女时，他举止自然而又不同凡响。而这位女邻居近来因她与周围的一切都很容易和谐相处正满怀着喜悦的心情孕育着对家庭的热爱准备做新娘。她相信自己是幸福的，在某种程度上来说也确实如此。但是现在，长久以来她又一次感到有某种东西在她平静的心上投下阴影，不过这已不值得记恨了，而且她也恨不起来了。是的，那时的互相仇视完全是出于一种幼稚的争强好胜，其实不过是对对方的内在价值一种不自知的承认罢了，只是他们自己并没有清楚地意识到而已。此次相见代之而来的却是又惊又喜的表情，愉快地互相打量，心悦诚服地向彼此认错。总之，他们互相交换着这久别重逢的所有相同的感受。长时间的疏远使得两人不禁情话绵绵。就连儿时的胡闹也成了两个消除偏见的邻居回忆往事时相互打趣的笑料，好像从前那种显得有些可笑的孩子气的仇恨通过双方友好、关心的态度至少可以得到一些弥补！过去无视对方的粗暴行径也好像不相互夸赞一番就不能消除似的。

男方在谈话时一直保持理智，言行适度，他的经济状况，他的地位，他为之奋斗的功名，才是他全部心思之所在，因此他把人家这位漂亮的未婚新娘的热情当成一种额外的奖赏满怀感激而愉快地接受下来，并没有因此认为她会与自己有什么瓜葛，或者去嫉妒她的未婚夫有这么一位美丽的未婚妻，何况他与这位未婚夫关系还是十分的友好。

女方看起来却一反常态，她犹如是从一场梦境中猛然惊醒过来。她恍然发现，过去与她的小邻居针锋相对地斗争原来只是情窦初开时内心激情的一种发泄；而激烈地对抗，也绝非是她的初衷，只不过是以这种与本人意愿相反的形式表达一种强烈的、犹如与生俱来般的爱慕。回忆往昔，她甚至觉得她以前对他是自始至终的一往情深。她暗笑自己当时竟会满腔仇恨地手中拿着武器，找他打架，她回味着当他解除自己的武装时心里那种甜丝丝的感觉；她想象着当他缚住自己时那种不可比拟的幸福感。总之，所有的一切，凡是她采用过的伤害他、滋扰他和激怒他的行为，在她来说，只不过是天真无邪的手段，来吸引他的注意力。她痛恨那次分离，哀叹自己恍如昏然沉睡于梦中，竟没有醒悟到自己的真实感情。她痛恨自己懒散，浑浑噩噩的习性，也因此她才得到了这么一个对她来说无关痛痒的未婚夫。从此她变了，两方面的变化，一方面进步了，另一方面也倒退了，随便人们怎么看都行。

如果有人能够与她共同体验她深藏在心中的情感的话，那么这个人肯定不会责怪她，因为她的未婚夫显然无法与那位邻居青年相提并论，只要这两个人靠近站在一起，便可以一目了然。如果说那位邻居青年可以获得人们对他百分之百的信任，而同时人们只是不能拒绝给予她的未婚夫以某种程度的信任；如果人们愿意把她的未婚夫当做自己的同伴的话，那么则希望邻居青年能成为自己的知己；如果人们遇到问题想得到更多的关心和帮助的话，那么人们完全确信那位邻居青年能够做到这一点，而对她未婚夫则可能会产生怀疑。对于这些比较，女人有一种天生的直觉，敏感而准确，她们有理由、也有机会拥有这种天份。

美丽的未婚新娘任由这些想法秘密地在心中日益滋长，这时要是有个人能够为未婚夫说说好话就好了，并对她直言相劝，要求她维持现在的关系，用未婚妻的责任来约束她，甚至告诉她，这是天作之合，不容更改，不能取消；可是没有人知道她的隐衷。于是美丽的心灵更加助长了她的单相思。其间，一方面她受到社会、家庭、未婚夫和自己的承诺无法解除的束缚和牵绊，不能食言；另一方面努力上进的青年邻居根本不把他的想法、打算和前途当成什么秘密，他不但毫无保留地全盘托出，而且向她表示，他只能当一个忠实的兄长，而且还不是一个体贴入微、满怀深情的兄长。他还告诉她，他不久就要离开。于是，儿时的满脑子的恶作剧、暴烈的性情、简单幼稚的报复心理似乎又复活了，而且到了人生中这个较高阶段——青年时代，她准备采用更引人注目、更危险的手段来发泄自己的不满。她决心去死，以此来惩罚这个她过去怨恨、现在却无比热恋着的人对她的冷淡无情。既然她得不到他，不能与他结合，那么至少要让自己与他的回忆，与他的懊悔永远地结合在一起，让他永远不能摆脱她死时的情景，一生一世不得安宁，让他永无休止地谴责自己，为什么他没有看透她的想法，为什么没有仔细揣摩她心中的秘密，为什么当初没有珍视它。

这种古怪荒唐的念头无时无处不伴随着她。她想方设法地掩饰自己的想法，虽然大家感觉到她有些异样，但是却没有引起人们足够的重视，或者说，他们也没有足够的聪明，去探究真正的奥秘。

这时候，朋友、亲戚和熟人们都为安排各种各样的庆祝仪式，忙得不亦乐乎，几乎没有一天是平平淡淡度过的，每天都筹划了一些新鲜玩意儿和一些出乎人意料的活动。几乎没有一处美丽的景物没有披上节日的盛装，以接待众多欢乐的宾客。我们这位回家探亲的年轻人也想在离家之前尽现其所长为此盛事助助兴，他邀请未婚夫妇连同为数不多的各自的家人作一次水上游览。几家人家登上一艘装饰华美、精致的大型船舶，这是一种游船，里面有一间小客厅和几间客舱，这类游船在设计制造时力图把陆地生活的各种便利设施都搬到船上来，因此应有尽有，非常舒适。

在音乐的伴奏声中人们乘着游船顺着大河渐渐远去。由于天气炎热，这一伙人三三两两地分散在底下的客舱里，或有的在玩智力游戏，有的进行赌注游戏，以作消遣。一刻也不愿闲着的年轻主人无事可做，于是他来到舵轮旁，替换下老水手，老水手不一会儿便在他身旁进入梦乡了。刚好这时尤其需要掌舵的人谨慎小心，因为游船正驶近一处险滩。河流的前方有两个小岛，它们平坦的砾石滩岸呈犬牙状，参差交错，航道变得狭窄起来，蜿蜒曲折，构成一段危险的水域。小心翼翼、目光敏锐的掌舵人差点儿要喊醒老舵手，但最后他还是决意自己来冒这个风险，驾驶着游船朝着狭窄的河道开去。就在这千钧一发、十分危急的时刻，那个美丽的昔日的冤家对头头戴花环突然出现在甲板上。她取下花环随手向正全神贯注掌舵的年轻人抛了过去，并高声喊道：

“留着它作个纪念吧！”

“别打扰我！”年轻人一边接住花环一边对着她大声说，“我现在需要全力以赴，集中全部注意力，不能走一点儿神儿！”“我再也不会打扰你了，”她喊道，“你再也不会见到我了！”

她说着快步走到船头，纵身跳下水去。

立时，几个声音不约而同地大声呼喊起来：

“救命啊！救命啊！她快要淹死啦！”

掌舵的年轻人不觉大惊失色，不知如何是好。老舵手被呼叫声惊醒，伸手就要接舵，年轻人把舵交还给老人，恰巧此时不是换舵手的时机，游船一下子搁浅了。年轻人迫不及待地扔掉累赘的衣服，跳进水里，追寻着美丽的冤家游过去。

对于水性纯熟，善于驾驭水这种自然物质的人来说，水表现出它友好的一面，它托浮着青年人，完全顺从这个灵巧的游泳好手。青年人很快追上了被水冲走的美人儿，他一把抓住她，迅速地把她的头托出水面，抱着她向岸边游。但是，一股急流猛然把他们两个人一起卷走，直到河中小岛和滩岸被远远地抛到身后，航道才又逐渐开阔，水流也开始渐渐变缓。这时年轻人才松了一口气，他又振作起精神来，恢复了常态，而最初由于情况万分紧急，他来不及思考，一切只能听其自然地行事。年轻人尽力把头露出水面，举目四望，然后单臂划水竭尽全力朝着一块长满灌木的河岸游去，这块地方尽如人意地恰好伸展到河里。他把美丽的姑娘抱到干燥的地方，这时已感觉不到她还有呼吸，使他陷入绝望之中。突然间他眼前一亮，一条被人走过的小路展现眼前，小路一直通向灌木林。他重新抱起这个珍贵的负荷，沿路前行，不一会儿便发现一座孤零零的宅院。他走到房子前，在这里找到一对心地善良的青年农民夫妇。来者的不幸遭遇和困境不言而喻，所以他提出的请求全都得到了满足。明亮温暖的炉火燃烧了起来，床上铺上了厚厚的毛毯，各种毛皮衣服以及家中所有能保暖的东西都很快被搬了过来。此时，救人心切，这种欲望战胜了其他任何考虑。试遍了所有可能的方法只为了使已经半僵硬的裸露的娇躯能够重新获得生命，终于成功了。她张开双眼，出现在眼前的竟是自己的心上人，她伸出冰清玉洁的双臂紧紧搂住了他的脖子。她搂着他，久久不愿意松开，泪水如泉涌，这时她完全恢复了过来。

“你还愿意离开我吗？因为我是在这种情况下才得到你的。”她大声问。

“再也不会了，”他叫道，“再也不会了！”此时，他其实并不知道自己在说什么，也不知道自己在做什么。

“你要保重自己！”他又补充了一句，“要好好保重自己！想想你自己，为了你，也为了我的缘故。”

她这才想到她自己，发现自己眼下所处的尴尬境地。不过在自己心爱的人怀里，又是自己的救命恩人面前，她用不着感到羞涩；然而她还是愿意让他先离开一下，好使他有可能也整理一下自己，因为他浑身上下还是湿淋淋的，不断地往下滴着水。

年轻的农民夫妇商量了一下，决定把自己结婚时穿的礼服借给这一对青年男女使用，丈夫的给男青年用，他妻子的给那姑娘用，这两套礼服仍然完好如新地挂在那里，足可以把一对新人从头到脚、从里到外地装扮一新。

不一会儿，两个历险者不但穿戴整齐，而且还修饰了一番。当他们二人再次见面时，真是郎才女貌，他们惊讶地互相对视着，接着却禁不住露出一脸笑意，便满怀无限的激情猛然拥抱在一起。青春的活力和爱情的欢愉使他们顷刻间便恢复了原有的朝气，要不是缺了音乐，他们肯定会跳起舞来。

从河中到陆上，从死亡到生还，从家人之中到荒郊野外，从绝望到喜悦，从冷淡到倾心到狂热的爱恋，这一切都发生在顷刻之间，要想跟上并理解这戏剧性的变化，人的头脑简直不够用，不然脑袋非得爆炸不可，不爆炸也会被弄得晕头转向如堕雾海。在这种时候，一个人非得有颗健全的心脏，才能承受得住这片刻间接踵而来的大悲大喜。

两个人的心已经完全合二为一，沉浸在爱情的甜蜜之中。过了好久他们才想起，留在船上的人还在担惊受怕、焦虑不安地挂念着他们。但想到不知道该如何重新面对那些人时，他们几乎无法不感到惊慌和担忧。

“咱们远走高飞，还是应该躲起来呢？”年轻人问。

“咱们要生活在一起！”她说，这时她的双手还紧紧吊着他的脖子。

那位农民听到他们提到游船搁浅的事，便二话不说，急急忙忙跑往河岸。幸好这时那艘游船已经缓缓地顺水漂起来，人们费了九牛二虎之力才使游船摆脱了困境又重新起航。大家无法确定他们在何处，只能漫无目的地顺水继续往前行驶，希望能再次见到两个失踪的人。农民又是呼喊又是招手吸引了船上人的注意，然后他朝着一处便于停船的地方跑去，并且还在不停地招手和呼喊，于是游船转向河岸驶来。当船上的人上岸时，出现了多么富于戏剧性的景象啊！两个热恋中的人的父母迫不及待地首先上岸；痴情的未婚夫差一点晕过去。他们刚一听说心爱的一对儿女已经得救，两个穿着别致的服装的人立刻从树丛中走了出来。在他们走到众人面前之前，人们没有马上认出他们来。

“我看到的是谁呀？”母亲们惊呼道。

“我看见了什么啊？”父亲们也叫道。

这对获救的年轻人在他们面前双双跪下。

“你们的孩子啊！”他们大声说，“一对相爱的人。”

“请原谅我们吧！”姑娘高声请求道。

“请为我们祝福吧！”男青年也高声恳求。

“为我们祝福吧！”两个人双双请求道。

这时，所有在场的人都惊异得一时语塞。

“祝福我们吧！”他们第三次苦苦地哀求道，面对此情此景，谁还能够忍心拒绝他们呢？

聪明的妇人

一个年轻的乡下人把一家大饭店租赁了下来，这家饭店所处的地理位置很好。从一个店主理应具备的素质来看，这个年轻人首先具有的一条就是业务娴熟。他打小时候起就在许多小饭店干过活，并且过得很开心。因此，他很想干这一种职业，因为这能使他在这种环境中度过一天当中的绝大部分时间。他总是无忧无虑，乐呵呵的。他的这种快乐的精神也感染了所有的顾客，所以这些顾客大多很快便成了回头客，经常在他的饭店里聚会。

他娶了一个很年轻的女人，一个从不多话但也还说得过去的姑娘。她总是一丝不苟规规矩矩地做着自己份内的事情。她爱自己的丈夫，也爱干家务，只是她时常会埋怨自己的丈夫用钱不够精打细算。金钱使她产生了一种敬畏，她充分了解金钱的重要性，因而感到有必要取得并把握住一定财政权。她除了天性开朗之外，其他所有的品性都带有近乎极端贪婪和吝啬的一面。

我想用玛加蕾特这个名字来称呼这位细致的家庭主妇，她对丈夫很不满意。他有时会把从马车夫和农业主那里收到的大笔定购粮食和草料的钱款，乱七八糟地摊放在桌子上清点，点完后便把它们统统划拉到一个小篮子里，等需要花销和付账时就再到那里面去拿，他的钱从来不包，也不记账。玛加蕾特曾以各种方式提醒过他，但是丝毫不起作用。她终于意识到了，尽管她的丈夫不浪费也不乱花钱，但老是把钱这样乱放，总是会丢的。于是她心中有了一种很强烈的欲望：要使一个巧妙的办法，让他能够精心理财。看着自己好不容易攒下来的零钱被他漫不经心地用掉或流失掉，她感到十分心焦和烦恼，于是她觉得非要进行一次冒险的试验不可，她打算以这种试验来让他警觉，认清他那种差劲的理财方法。她决定尽可能多地把钱从他手中骗取过来，更确切地说，她打算用一种“升降机”的方法来使自己达到目的。她发现，丈夫放在桌上清点过一次的钱，收起来时他不会再重新点数。于是她在一个烛台底部涂上油脂，找一个牵强的借口把它放到散摊着杜卡特金币的地方，这种金币使她感到特别亲切。她一下子就粘上了一个金币和顺带着的几个小硬币，她对第一次打捞的成果感到非常满意，她一次又一次地反复采用这个绝妙的办法。她这样做完全是为了帮助丈夫，因此她并不觉得做错了什么，但是，她还是常常以此安慰自己。每当她对自己的做法心存疑虑时，她总是想，这种形式的窃取不能算作是偷，因为她不是用手把钱拿走的，她通过这种自我辩白使自己的心情安定平静下来。渐渐地，她用这种方法积攒下来的钱越来越多，并大大超过了她煞费苦心从家庭内部开支中所节省的资金。

玛加蕾特就这样忠实地实行着自己的计划，差不多已经有整整一年的时间。在这期间她一直小心翼翼地观察着丈夫的反应，没有发现他有什么情绪的变化。终于有一天她发觉他的情绪突然变得烦躁焦虑。她设法用甜言蜜语哄骗丈夫说出情绪不安的原因。很快她便得知，丈夫因为手头拮据而已经陷入了财政困境。他付清供货商的最后一笔账后本应该还有余款可交付租金，可是他不仅短缺了所有的租金，甚至雇工的工钱也无法支付。而且由于他什么都是心算，也不用笔记录，所以他无论如何也不能够回想清楚，疏漏到底出在什么地方。

于是玛加蕾特开始一样样地数落起他来，说他的行为方式，说他收钱付账的方法，还说他对钱不够重视，甚至，把他为人慷慨、乐善好施的义举也当成他的错处狠狠地数落了他一顿。她还说，他现在终于是自食恶果了，搞得整天这样心烦意乱郁郁寡欢的，但是他的做法无疑是不可原谅的。

不过，玛加蕾特自然不忍心让自己的丈夫长期处于这样的困境之中，更何况能让丈夫重新快乐起来也可以使她感到无比的幸福。刚好她丈夫的生日到了，以前在这一天她总是会习惯性地送给他一些实用的东西，而这次，当她把一个小篮子捧到他面前时，着实让他惊叹不已，那篮子里满满当当、整整齐齐地装着的全是一卷一卷的硬币，各种不同的硬币都分类用纸包好，每一卷上都用笨拙幼稚的字体认真地作了记号。当丈夫看到摆在他面前的钱几乎正好是他短缺的那些数额，而且听到妻子一再让他确信这些钱都是他的时，这个男人真是瞠目结舌！她告诉他她什么时候，用什么方法拿到的钱，哪些钱是她从他那里弄来的，哪些钱是她从生活费中节约下来的。她终于使他转忧为喜了。这件事的结果自然是丈夫从此把全部的收入和支出的费用都交给他的妻子。他本人则一如既往更加勤奋地照管着自己的生意。从那一天起，他不再管钱上的任何事，哪怕是一分钱也不经手。妻子极为满意地掌管着出纳员的职位，她从没有收回过一个伪造的六法郎银币，甚至没有收过一个不再流通的六芬尼的德国硬币。她的努力和细心使她在家里取得了支配权，这结果实在是情理之中的。由于她理财有方，经过十年之后，她终于有能力买下并保有这个饭店以及饭店所属的一切财产。

褐姑娘

费了很大的劲儿，威廉终于圆满地完成了任务。列纳多带着微笑对他说："您给我带来这么多消息，我非常感谢。只是我还想问一个问题，我的姑妈最后没有让您向我转达一个看来不很重要的事情吗？"威廉想了想，说："有有，我想起来了。她提到过一个叫瓦勒丽妮的女子。她让我告诉您，这个女子嫁了一个好丈夫，现在生活得很好。"

"这下我放心了。"列纳多接个话说，"我现在要回家了，面对这个姑娘，就不会触景生情并感到愧疚了。"

"也许我多嘴，您与她有什么关系？"威廉说，"只要用您的方式关心她的命运，就应问心无愧了。"

"这是世界上最微妙的关系。"列纳多说，"它不是一般人想象中的爱情关系。我完全信任您，可以说给您听，其实这并不是故事。如果我对您说，我很久不回家，害怕回到我的庄园去，刚才所说的奇怪的话，以及对家里情况的关心，所有这一切全是为了希望知道这个孩子的现状，您会怎么想呢？"

"请您相信我，"他继续说，"我很清楚地知道，有些熟人，虽很长时间没有见面，但再看见他们时会发现他们一点没变，我估计我家里人也差不多如此，很快就会跟过去一样，很好地相处。我唯一放不下的是那个孩子，她的情况肯定发生了变化，上帝保佑，但愿变得更好了。"

"您这么一说，倒让我感兴趣了，"威廉说，"您让我听听这个不同一般的故事吧。"

"至少对我来说，这是不寻常的。"列纳多答道，接着便讲起他的故事：

"在我青年时候，按惯例游历全欧洲的文明国家，是我的很坚定的决心，我很小就下了这样的决心，只可惜这个打算一再拖延，很长时间没有实现。

久而久之，我只对近处的风景感兴趣，远处的在书上读得多了，听得多了，对我的吸引力就变小了。最后，叔父让我见过世面的朋友们催促我，在没有准备好的情况下，我就下了决心出游，而且比我们预料的快。

“我的叔叔本来就想促成我的旅行，所以没提反对意见。您了解他和他的个性，他总是一根筋，手上的一件事不做完，其余一切都会放下。尽管如此，他还是有好多事，而且有些看起来是他力所不及的。这次旅行在他看来也相当突然，但他马上答应了。他把计划修建的，也可以说是已经动工的几项建筑工程停了下来，因为他从来不想动用积蓄。他是一个聪明的理财人，想了另外的办法。最简单的办法是收回过期贷款，特别是欠交的租金，他对欠债人很宽容，不到万不得已的时候决不主动让别人还，这也是他的一个特点。单子总是交给管家，事情由管家负责处理。详细情况我们不大清楚，我只是偶然知道，我们庄园有一个佃农，叔叔对他欠租宽限了很长时间，最后才把他赶走，扣了他的保证金象征性地赔偿损失，这块田地被转租给了别人。这个人在田里劳动不紧不慢，不怎么精明能干，但因虔诚、善良而受人爱戴，却由于有爱管闲事的毛病也被别人骂。儿子死了，身边有一个女儿，大家管她叫褐姑娘。虽然这姑娘决心做一个精力充沛的、坚强勇敢的女子，可毕竟太年轻，难以完成心愿。一句话，这个人是一天不如一天，连叔叔的宽容态度也挽救不了他的命运。

“我旅行的决心已下，必须赶紧着手计划。什么都要准备，有的东西要包起来，有的要拆开，出发的日子就快到了。一天傍晚，我到花园散步，向熟悉的花草树木告别，迎头遇上了瓦勒丽妮。姑娘的大名这样叫，另一个名字是她的绰号，因为她的淡褐脸色人们才这样叫她。她堵住了我的路。”

列纳多若有所思地停顿了一会儿。“我怎么会不认识她呢？”他说，“她不是叫瓦勒丽妮吗？是的，没错。”他接着说，“还是绰号叫起来顺口。总之，褐姑娘挡住了我的路，让我在叔叔面前为她和她父亲求情。因为我知道事情的来龙去脉，知道当时很难为她说情，甚至可以说根本不可能，就把这一切明白告诉她，又讥笑了一番她父亲个人的缺点。

“她回答的态度非常爽快，同时也让人觉得天真可爱，我觉得她完全把我当做朋友，我想如果钱在我自己的银库里，我一定马上答应她，使她幸福。但这牵涉叔叔的收支，他已经做了处理，作了决定，根据他那种思想方式和他过去一惯的做法，是根本不可能让他改动的。自从了解他的这一个性后，我谁都没有答应过。因此，不论谁提出要求，我都只能袖手旁观。我已经养成一种习惯，对一切求情一概不理，不管被拒绝的是谁。这一次也只能如此。她出于个性和感情来求我，我则因义务和理智的约束而拒绝了她。不瞒您说，到了后来我自己都觉得这样做太无情了。我们你一言我一语，谁也说服不了谁，她被逼无奈，眼泪禁不住流了下来。她仍然镇定自若，说话时很兴奋，而且很激动，我却一直装成冷若冰霜，无动于衷，她的委屈便一下子流露了出来。我正想结束这种局面，突然她跪倒在我前面，抓住我的手吻起来，抬着头用可爱而动人的眼神望着我，弄得我不知怎么办是好。我赶快把她扶起来，说：‘你放心吧，孩子，我会尽力而为！’说完便拐进一条小路。‘请您尽一切可能帮我！’她在后面大声对我说。我不知说什么好，但还是说了声‘我尽力’，底下的就说不下去了。‘请您办成！’她突然快活地喊了一声，对我的话充满了无限的期待。我向她点了点头，就匆匆走开了。

“我没有马上去找叔叔，因为我非常清楚地知道，他只要投身于做的大事时，就不会插手管小事。我只好找管家，但他骑马出去了。晚上来了客人，是朋友给我送行来了。我们吃喝玩乐，直到夜深。第二天他们没有走，由于精力有限，她苦苦哀求我的样子在我的脑海里消失了。管家回来后，忙得不可开交。每个人都找他问事，他没有空闲听我说话。但我还是试着拦住了他，我刚提到那个忠厚的佃户的名字，他就态度坚决地回绝我：‘上帝保佑，您千万别向您叔叔提这件事，免得自找没趣。’我动身的日子定了，需要写信、会客、拜访左邻右舍，手下的人虽然极力帮忙，但手脚都不大好使，不能帮我做准备工作，什么事还得我亲自动手。终于管家在夜里拿出一个钟头来处理我的事务，我又一次壮着胆子为瓦勒丽妮的父亲求了一次情。

“‘亲爱的男爵，’机智的管家说，‘这么点小事，您怎么老放不下呢？今天我在您叔父面前好没面子，您这次旅行所需要的费用远远超过了我们的预算。尽管这是不可避免的事，但是办起来很困难。事情看来只能如此，再要纠缠下去就会后患无穷，老主人特别生气。这种事常有，后果肯定是由我们这些人承担。为收回拖欠债务而采取严厉措施，是他自己规定的法子，他自己都得遵守，很难劝他让步。请您不要干涉这件事了，我求您了！那完全是费力不讨好，白费力气。’

“我想放弃求情的念头，但又不完全甘心。我只是跟他磨，因为事情都是他掌管的。我要他办事温和点、公正些，他都答应了，这种人的特点是，先答应下来，以求得暂时的安宁。答应后他就走了，我的时间所剩无几，思想越来越不集中！我坐在车里，便把我在家中要管的一切都忘记了。

“一个深刻的印象，就像一记伤口，受伤时没有感觉，后来才感疼痛，还会化脓。我觉得花园里发生的事跟这差不多，每当我孤身一人空闲下来的时候，那个求情姑娘的身影及当时的氛围，每一棵树，每一株草，她下跪的地点，我去花园和离开她时走的路，汇集在一起，出现在我的灵魂深处。

“这是一个永不会忘的印象，它可能被别的形象和事物遮盖住，完全遮住，却不会消失。一到寂静的时刻，它就浮现出来，越是后来，因我的原则和习惯而带来的罪过越使我痛苦。虽然当时没有明确表态，吞吞吐吐，却是第一回如此狼狈。

“在头几封信里，我没少向管家过问这件事。他的答复总是很晚。后来，他干脆不答复这个问题，再后来他的信写得吞吞吐吐，最后干脆不提了。我离家乡越来越远，我与家乡的隔阂也越来越大。我有很多东西要观察，有很多活动要参加。那个姑娘的形象消失了，她的名字也给忘记了。想起她的时候越来越少。我不是通过写信跟家里人联系，而是通过一些标记。这些怪癖促使我把早年的处境及其一切条件几乎忘光。现在我离家很近了，想以此作为这些年给家人的补偿，我莫名其妙地懊悔，我觉得有点莫名其妙，这种情绪猛然地产生了。那少女的形象连同家里人的形象，都在我心中再现了。我害怕听人说，她在不幸中被毁了。我总觉得，我的不坚定加快了她的毁灭，导致了她的悲惨命运。很多次我对自己说，说白了，这种感情是一个弱点。我过去坚定的不答应帮忙的原则，完全是因怕万一造成悔恨，而不是出于感情的高尚。现在这种悔恨对我进行了报复，这个唯一的机会折磨我一次，而不是折磨一千次。说起来奇怪，当时的情形，那段使我感到痛苦的回忆，却给我一种征服感、迷恋感，使我乐意不断去回忆。而且我一想到那个情景，她在我手上留下的那个亲吻，我就热血沸腾。”

列纳多说完了，威廉赶忙高高兴兴地说："原来我以为，除了补充我的口信以外，我不能为您更多效劳了，想不到补充这点东西却尽了点力，其中居然包含了这么有意思的往事。对瓦勒丽妮的情况我虽然知之甚少，因为关于她的情况都是听别人说的。但她肯定做了富有人家的夫人，日子过得很美满，这是您的姑妈在我辞行时向我强调了的。”

“好极了，”列纳多说，“现在没有问题了。您使我知道我是无罪的，我们马上回家去，家里人已经等了很久了。”威廉答道："可惜我不能陪您了，因为有一个特殊的规定我必须遵守，那就是我在任何地方不得停留三天以上，我离开的地方在一年内不准再去。我无权向您解释为什么有这个特殊规定，请您原谅。”

“太遗憾了，”列纳多说，“我们这么快就要分手。我又不能为您做点事情，您反而要开始替我做好事了。您去看看瓦勒丽妮，详细了解一下她的真实情况，然后把详细情况或书面或口头告诉我，我会十分高兴的。如果是面谈，我们就要到第三个地点会合了。”

他们进一步讨论了这个建议。威廉知道瓦勒丽妮的住址，他同意去看望她。地点也定下来了，男爵到那儿去时，要带上费利克斯，这孩子此刻还留在两位女子那儿。

列纳多和威廉一边说着话，一边并排骑马继续走着，在舒适的草地上走了一段路，快要走到大路的时候，追上了男爵的马车，这辆马车将载着它的主人重返家园。两个朋友要在这里分手了。威廉告辞时说了几句亲切的话，再次保证很快向男爵报告瓦勒丽妮的消息。

“我想，”列纳多说，“假如我陪您去，也只不过走一小段弯路。我为什么不亲自去探望瓦勒丽妮呢？不亲眼看一看她幸福的生活呢？既然您愿做好事，充当信使，那为什么不陪我同去呢？您知道，我必须有一个陪同，一种道义上的支持，如果人们在法庭上不相信自己，就需要律师的帮助。”

威廉说家里人正在盼望着他回去，要是回去的是辆空车，会让人觉得可怕，还会产生别的想法。对这些反对意见列纳多不予理会，但他担心这次拜访会产生不良后果，并不很情愿这样做，最后威廉只好答应充当列纳多的陪同。

他向仆人作了些交代，告诉仆人到家后怎么跟家人说，然后，便踏上通往瓦勒丽妮家的那条路。那地区看来很富，土地肥沃，是耕种的好地方。瓦勒丽妮丈夫所在的地区也很富，农田全部是精耕细作。威廉有兴致地仔细观赏周围风光，列纳多与他并行时却始终一言不发。许久，列纳多终于开口说：“别人处在我的位置，恐怕见到瓦勒丽妮也要装着不认识，因为站在被自己伤害过的人面前，总会感到很难堪。但我愿负荆请罪，我担心她用责备的目光看我，但我决不会为了保全面子而伪装和说谎。谎言和真话一样，都会使我们不安。如果我们估量一下哪一种的好处持续的时间长些，那么我们会看到，永远讲真话总是好些。我们放心去吧，我可以自我介绍，然后说您是我的朋友和旅伴。”

庄园到了，他们在园内下了车。出来迎接的是一个仪表堂堂、衣着朴素的男人。他们把他当成佃户，他却说他是这家的主人。列纳多作了自我介绍，庄园主看来特别高兴见到他认识他。他大声说：“我妻子又要见到她恩人的侄儿了，她不知会说什么！她和她父亲欠男爵叔父的情，她会说个不停的。”

有很多奇怪的想法在列纳多的头脑里打转。“看来这个人能说会道，可能把苦衷隐藏在笑脸和好话后面了吧？他能把他的怨言说得这么好听吗？难道叔叔没有给这个家庭带来灾难？要么……”他怀着急切的心情想弄个水落石出，“事情真的不像你想象的那么糟？你从来就没得到过准信。”这些想法在列纳多心中翻来覆去，主人则忙着派人去接夫人回来，夫人拜访邻近的庄园去了。

“夫人回来以前，请允许我按照我的方式接待您，同时允许我继续做我的事，请您跟我一起到地里走走，看看我是怎样管理我的田产的。作为庄园主您这样伟大，最关心的肯定是堪称高尚的经济和高尚的艺术农业了。”列纳多没反对，威廉更想增长见识。这个乡下人占有并经营一大片土地，一切井井有条，他做每件事都有一定考虑，根据地力撒种栽苗。他自有一套耕作方法及其理由，谁听了都会明白，并且认为完全做得对，完全可以获得丰收，很容易让人产生一种结论，只要得到一个专家，一切困难都会化为乌有。

两个客人表示非常满意，除了夸奖和表示称赞外，说不出什么话。他感激而兴奋地听着，补充说：“现在我告诉你们我的弱点，每个以事业为重的人都有这种弱点。”他带他们走进场院，让他们看工具、工具库、堆放农具及零配件的仓库。“人们常指责我有点过火了，”他说，“但我不因此责怪自己。把自己的事业当做目标的人，乐于承担生活给予自己的责任的人，是幸福的人。”

两个朋友提了很多问题。威廉对他所作的一般介绍特别满意，对主人的问话他们也一一作答。列纳多陷入沉思之中，感到有一种说不出的淡淡的不快，心情却很安定，因为他认为在这种环境里瓦勒丽妮肯定会很幸福。

主人的妻子乘车回来时，大家已经回到屋里。所有的人都马上赶出来迎接她。列纳多看到她走下车后，很是诧异，很是吃惊！原来不是她，不是那个褐姑娘，虽然也是修长身材，很美丽，但她的头发绝不是金色，此人身上却具有金发女郎的一切美丽。

她的美丽容颜和优雅举止，使列纳多大为吃惊。他想看的是褐姑娘，但出现在面前的却是另一个人。这个少妇的特点他也还记得，她的言谈举止很快让他深信不疑她是在叔叔身旁享有很高威望的那个法律顾问的女儿，所以她才会得到很多嫁妆，这一对新夫妇才会得到资助。见面寒暄时，这位少妇兴致勃勃地给他讲了所有的事及其他一些情况，意外的重逢使她欣喜若狂。互相询问是不是一见面就认出对方来了，他们说外表都有些变化，到了这个年纪，变化还很大。瓦勒丽妮一直是可爱的，快乐使她从平日的冷漠中走出来，她变得极为可爱。大家交谈起来，气氛热烈。列纳多控制住自己，不表现出自己的失落。那位朋友赶快向威廉示意，让他明白这里发生了意想不到的事，威廉也尽力帮助他。瓦勒丽妮显得有点骄傲，觉得男爵还没见到家里人，先想起了她并前来探望。有了这点虚荣心，她就没有想到客人有别的意图或发生了错误。

大家一直谈到深夜。两个朋友早就想谈谈知心话，所以他们一进客房单独在一起时，就开始交流感受。

"看来，我摆脱不了我的痛苦啦。我发现，由于把名字搞混了，我的痛苦加深了。我那时候常见这个金发美人跟那个谈不上漂亮的褐发姑娘在一块儿玩，我比她们大好多岁，也跟她们在田野里和花园中跑来跑去。. 俩人都没给我留下太多印象，我只记得一个女孩子的名字，结果搞错了。现在我发现，一个跟我无关的女孩子过上了超出一般水平的幸福生活，天知道另一个被抛到世间的什么角落去了。"

第二天早上，两个朋友几乎比勤劳的村民还起得早。有客人来的喜悦之情使瓦勒丽妮也醒得早。威廉大概看出了，列纳多因没有看到褐发少女而非常痛苦，便把话题引到过去，引向儿时的游戏，引向他自己熟悉的地方，以及别的事情上，瓦勒丽妮很自然地提到那个褐发姑娘，说出她的名字。

她还没说出纳科蒂妮这个名字，列纳多就完全想起来了。那个求情者的形象也随着这个名字回到他的印象中，又令他揪心起来，他不忍心听下去：瓦勒丽妮深表同情地谈了那个忠厚佃户的财产怎样被强制扣押，他怎样退佃，搬家，靠女儿生活，女儿背上了一个包袱。列纳多好像失去了知觉。瓦勒丽妮又幸运又不幸地卷入了一种复杂的场面，这种遭遇使列纳多伤心，但还能在旅伴的帮助下克制住。

分手时，夫妻俩诚心诚意地希望客人不久再来，两位客人半心半意地、假惺惺地答应了。对于行善的人来说，一切都会成为幸福的征兆。根据这个常理，瓦勒丽妮总是用对自己有利的方式来解释列纳多的沉默和临别时明显的心不在焉及匆忙的离别，虽然她是一个憨厚村民的忠实可爱的妻子，心中却禁不住复燃或新生对列纳多的爱慕之情并暗自高兴。

这次奇特的拜访结束了，列纳多说："本来我们充满美好的希望，没想到在阴沟里翻船，现在只有一件事使我感到欣慰，使我可以暂且安心地回家见亲人，这就是上天把您派到我这里来，您负起您独特的使命，不在乎为了什么目的，也不在乎到哪儿去。请您帮我找一找纳科蒂妮，然后捎个信给我。她要是很幸福，我就放心了，她要是不幸，您就用我的钱帮她一把，请您不要有顾虑，不要怕花钱。"

"我究竟应该到哪儿去找？"威廉微笑着说，"如果您不知道，那我就更不知道了。"

"您听着，"列纳多回答，"昨天夜里，您曾看见我绝望地、毫无办法地走来走去，我头昏脑胀，心乱如麻。我想起了一个老朋友，一个令人尊敬的朋友，他从来没板着脸教训过我，但他对我青年时代有很大影响。他家里收藏珍贵的艺术品和古玩，不能长时间离开家，否则我一定会很高兴地请他陪我，即使陪一段路也行。据我所知，他交际面广，在这个世界上只要能通过高贵方式联络的人，他都认识。您到他那里去一趟，把我刚才提出的要求给他说一下，希望得到他的同情，他会知道到什么地方或在哪个地区能找到纳科蒂妮。我心里正着急，突然想起，那个孩子的父亲是一个虔诚的教徒，我自己眼下也变得够虔诚了，我愧对自己的良心，恳求他破例帮我一把。"

"还有一个困难没解决，"威廉答道，"我的费利克斯放在哪儿好？如此不确定的旅行中我不想把他带在身边，又舍不得让他离开我。我总觉得，儿子在成长过程中最好跟父亲在一起。”

“不对！”列纳多表示反对，“这是慈父的误解。父亲同儿子总保持一种特殊关系，父亲一般不承认儿子的优点，对儿子的错误却幸灾乐祸。所以，古人常说：‘老子英雄，儿子无用。’我本人对世界进行过仔细的观察，对此深有体会。幸好我的老朋友也就这个问题有最正确的看法，我马上给他写封短信，请您带去。前几年，我最后一次见到他的时候，他对我讲过一些关于综合教育的问题，我当时认为那是不可及的。当时在我看来，在反映现实的因素中，一般是一系列观念、想法、建议和计划。它们当然是互相联系的，但在事物的正常发展过程中，未必能够一起起作用。因为我了解他，因为他喜欢以直观方式表现现实的或不现实的思想，所以相信他的话，现在给我们带来方便了。他肯定会告诉您孩子的去留，告诉您怎样安慰和信任您的孩子，怎样在高明教师的指导下受到最好的教育。”

他们骑在马上边走边谈，看见一座高雅而富丽的别墅，建筑风格庄重而活泼，屋前有一个院子，周围环境开阔典雅，树木繁茂。门窗紧闭着，看上去非常寂寥，但保存完好。一个老人正在门前干活，从他口中得知，这是一个青年人从他不久前去世的老父亲那里继承的一部分遗产。

详细打听才知道，这位继承人觉得可惜，这里的一切都是现成的，他在这里无所事事，坐享其成而没有他自己的事业。因此，他在山脚找了个地方，为自己和朋友修建一个小楼，还想盖类似猎人歇脚用的小木屋。他们也问清楚了老人的情况：他是同别墅一起留下来的老管家，精心维护和清扫这份遗产，使孙子们了解祖父的产业和爱好，看到所有的东西都和祖父生前的一样。

他们默默地继续走了一会儿，列纳多颇有感触，说人内心都是想从头开始。他朋友接过话题说，这是不难理解的，也是情有可原的，确切地说，实际上每个人都在从头开始。“要知道，”他提高声音说，“前辈人受过的痛苦不要留给后代！对不想失掉快乐的人，怎么能责备他呢？”

列纳多就这个问题发表看法："听了您的话，我才敢承认，我只对自己创造的东西感兴趣。不是我从小培养起来的仆人，我不去用；只有我亲自驯服的马，我才爱骑。我还要承认，由于有这种想法，我强烈希望回到原始生活去。到文明国家和民族中去旅行，也没有改变我这种感觉。我的想象力使我到大海上去寻找欢乐，原始林区中先辈们抛弃了的家产使我看到希望，经过冷静思考，我终于可以完善和实现我的愿望了。"

"这点我也有同感，"威廉回答，"这是一种开拓新的未知领域的做法，很有见解，也是伟大的。不过我还是请您再想想：这样的事业只有靠全体成员的共同努力才能达到。您到了那里，就会找到我所知道的那份家产。我的同事也有过同样的打算，他们已经在那里定居。请您和他们联合起来，他们都是有远见卓识、聪明才干、体格健壮的人。两方面的力量加在一起，事业会更顺利，发展会更快些。"

两个朋友边走边谈，不觉到了分手的地方。二人坐下来写信，列纳多把他的朋友介绍给那个杰出人物，威廉向他的同事报告他的新朋友的情况，这封信自然地成了推荐信，他在信的结尾又讲了讲他跟雅诺谈过的事，再一次阐明了自己希望尽快从"永远流浪的犹太人"的苦恼状态下解放出来的理由。

相互交换信件时，威廉忍不住再次劝朋友要有信心克服困难。

"我认为，"他说，"就我而言，能使您这位高贵的人消除不安的情绪，能把一个人从可能遇到的痛苦中解放出来，这是最具意义的使命。这可以看做航海时的指路明星，尽管并不知道途中会遇到什么情况和风险，人们都会向前走。我承认有一种危险随时会降临到您的头上。如果您愿守诺，我就要求您答应我不要再见那个您如此想见到的女人，我给您带回她生活美满的消息，您会很满意的。当然前提是我发现她确实已经很幸福，或者她有能力创造自己的幸福。但是我做不到，也不愿意给您什么许诺。所以，我要以您那宝贵而又神圣女孩的名义恳求您：为了您自己、您的亲人，也为了我，您的新朋友，不管有什么意外，您都不要试图接近与您失去了联系的这个女人。您也不要让我明确告诉您我在哪里找到她，也不要问我停留过的地区。您要相信我说的‘她生活得很好’这句话，您要把日子过得舒服些，把包袱卸下来，把心神安定下来。”

列纳多微笑着回答说：“那就麻烦您啦，我会感谢您的。一切都拜托给您了，您只管去办好了。让时间、理智、智慧来帮助我吧。”

“请原谅，”威廉答道，“不过，谁也不能想明白，感情这东西怎么会悄无声息地进到我们心中。假如真正能够预见可能产生的想法，而在那种情况下，在所处的关系中，这种念头又肯定会带来不幸和迷惑，那当然是必须制止的。”

“我希望，”列纳多说，“等我知道这个姑娘生活得很幸福的时候，我一定摆脱对她的牵挂。”

两个朋友就此分手，各行其事。

神秘的敲击声

我的朋友，一个刚直不阿的绅士，收养了一个孤女。这位朋友和他的大家族一起居住在一座古堡中。女孩渐渐长大了，在她十四岁的时候，多数时间是伺候这位朋友的主妇，作她的贴身侍女，主人对她很满意。

这个姑娘除了殷勤、忠诚地服侍她的女恩人，以此表达对她的感激之外，好像再没有其他的要求。姑娘俊俏秀丽，因此周围的追求者不断。不过人们却不认为他们其中的任何一位会给她带来幸福，她自己也丝毫没有流露过要改变现状的愿望。

后来，突然发生了奇怪的事情：当姑娘在房子里走动时，人们时常会听到她脚下发出一种敲打的声音。起初，这种声音好像只是偶尔可以听见，后来这种敲击声开始没完没了，几乎是每走一步就响一声，姑娘害怕了，她焦虑不安，几乎不敢走出夫人的房间半步，只有她独自一个人待在这间屋子里时她才能得到片刻安宁。

每个人，与她同行的，或是站在她附近的人都能听到这种敲打声。一开始大家还拿这件事开开玩笑，不过后来这声音变得让人非常讨厌。于是这家的男主人，开始亲自出来调查这件怪事。他看出，只有在女孩走动时才会发出这种声响，不但在她落脚的时候，而且在她继续行走时抬脚的时候，都会发出这种敲击声。不过这些敲击声响得十分没有规律性，当她走过一个大厅时，声音尤为响亮。

有一天，男主人从附近找来几个工匠，让他们在敲击声响得最厉害时，在她身后立即撬开几块地板，然而却什么也没发现，除了几只大老鼠以外，其他什么也没有。为了追赶这几只老鼠，房子上下引来一片混乱。

这件事和这种混乱的场面使男主人生气，他决定采取另一种严厉的方式，从墙上取下一根最粗大的皮鞭发誓说，只要这姑娘再让他听到一次这种怪声，他非把她打个半死不可。从那以后，她在整个房子里到处走动时都悄无声息，人们再也听不到这种敲击声了。

诗 选 ■

荒野中的小玫瑰

少年看到小玫瑰，
荒野中的红玫瑰，
急急忙忙走近看，
鲜艳娇嫩又妩媚。
他满心喜悦赏玫瑰。
玫瑰，玫瑰，红玫瑰，
荒野中的小玫瑰。

少年说："我要采下你嬉戏，
荒野中的小玫瑰！"
玫瑰说："我要把你刺，
让你永远不忘记，
我不愿你把我毁。"
玫瑰，玫瑰，红玫瑰，
荒野中的小玫瑰。

粗鲁少年去采小玫瑰，
荒野中的小玫瑰；
玫瑰刺他是自卫，

他不怕痛苦，固执不悔，

小玫瑰还是遭折毁。

玫瑰，玫瑰，红玫瑰，

荒野中的小玫瑰。

迷蒙的晨曦

晨曦一片昏暗迷茫，
把可爱的郊原弥漫，
大千世界深深隐藏，
只见迷雾四围扩散。
亲爱的弗里德利克，
但愿能再回到你身旁，
拥有你明亮的双眸，
就获得幸福的阳光。

在那树皮之上曾刻着
我的名字和你芳名，
刺骨寒风吹散欢乐，
刮得它也颜色苍白。
草原上闪耀的碧绿幽光，
阴沉忧郁就像我的心情，
它们许久不能见到太阳，
我也不见到弗里德利克。

我即将走进葡萄园，
面临已经成熟的葡萄，
盎然生机布满四周，

新酿的美酒在冒泡。

在寂寥的亭阁中远眺，

衷心希望她也来到，

我会为她献上葡萄，

而她——会给我什么酬报？

悲　歌

满怀深情与青春忧伤，
引我走向寂寞的荒郊，
大地之母还置身于宁静梦乡，
四处已漫溢晨光。
寒风凛冽呼啸，
被摇动的树枝挺直僵硬，
它对我的歌痛苦地回应着声响，
大自然恐惧、哀伤、寂静，
却还比我的心更加充满希望。

看吧，太阳神伸出坚实的手，
握着玫瑰花环，舞姿翩翩，
双子星座睁开蓝色的眼眸，
披洒着金色卷发在你轨道上会面。
小伙子在草地上
应和着翩翩起舞，
用彩带装饰帽子，年轻的姑娘，
从葱葱的草丛中采摘着紫罗兰，
她满心欢喜，悄悄地把腰弯下，
气度潇洒，饱含魅力地看着他，
胜过他一年前五月节时的感受，
希望和活跃，

上帝给这个男人把幸福赏赐，
在他的花园里！他着手多么及时，
给种子准备肥沃的苗床！
三月几乎还没从干瘦的侧面
为冬天揭去覆盖的雪幕，
冬天急匆匆地溜走，把一片雾纱
披向身后的土地、河流、谷田
和山岗，雾蒙蒙一片，
这时，它轻快地奔走，
全身心充满梦幻似的收获，
播下种子，期待希望。

冬游哈尔茨山

我的诗歌，翱翔吧，
就像那苍鹰，
张开悠然的双翅，
在朝云弥漫的高空，
搜寻着猎获的对象。

每一个人
都有既定路线
这是神灵的主张，
幸运者
快步奔跑
向着可喜的目的地：
可心被不幸
折磨得紧缩的人，
他徒劳反抗，
金线的束缚，
只有那冷酷的剪刀
一刀把线剪断。

野兽钻进
阴森的灌木丛，
有钱人早已

随着麻雀一起
进入泥沼。

幸运女神驾着车，
跟随她的车很轻松，
就像那悠闲的仆从
跟随王公，
沿着整修过的大道前进。

可是，站在一旁的那是谁？
他的道路迷失在灌木丛中，
他走过去，
灌木合拢，
野草重挺，
荒凉将他吞噬。

啊，谁能治愈他的痛苦？
甘露已成他的毒药，
他从充盈的爱情中
尝着厌恶人世的苦味，
最先他受蔑视，如今他成了蔑视者，
他暗暗磨灭
自己的价值，
为了永不满足的自私自利。

在你的琴弦上，

爱情之父，如果
有他可以听到的声音，
那么就应振奋他的心！
请拨开云遮雾障的迷翳，
在沙漠中
那焦渴者的附近，
有无数清泉。

你，给大家创造
无限喜悦，
请为狩猎的弟兄们祝福，
跟踪野兽的踪迹，
怀着少壮的豪情，
进行痛快的捕杀，
迟到的复仇者报复不公正，
多年农民用棍棒
徒然阻止这样的不公。
请让孤独的人
温暖以你那金色的云！
啊，爱神，请用青藤
缠住你诗人的湿发，
直到玫瑰再开之时。

你用朦朦的火把
照亮着他，
夜晚，走过浅滩，

穿过荒野上
泥泞的道路；
用绚丽的晨霞
开朗着他的心房；
你用猛烈的风暴
把他送上高空；
寒冬急流从山岩上冲下，
和着他的诗歌，
那恐怖山峰白雪皑皑的山顶
成为他感恩的圣坛，
满怀预感的人们跟精灵
一起给山顶饰以花环。

你怀着纯净的胸怀
十分神秘而公开
站在惊愕的人世之上，
从云端里眺望着，
人间的一切荣华，
你用身边同胞的血液
把它们滋润灌溉。

婚礼之歌

我们爱谈，津津乐道这位伯爵的往事。
他就住在此处宫殿，
你们今天在这里举行盛宴，
庆贺已故先生孙儿的婚礼。
那个人参加过神圣的战争，
在多次的胜仗中赢得了荣誉，
当他骑马回到家中，
看到他的城堡仍旧屹立不动；
可是仆人和财产俱已烟消云散。

伯爵，是你，你在家中
看到这种情况多冷清！
穿过窗户吹过寒风，
所有的房间都充满它的气息。
深秋的寒夜该怎么办？
我度过了多少难眠的夜晚，
早晨来临，一切都相安无事。
因此，快趁着月光皎洁，
躺到床架的草垫上。

他躺在床上，正要入眠，

这时，床的下面有轻轻响声。
老鼠一直在窸窣作响！
啊，但愿寻得一点面包的残渣！
你瞧！那里站着小精灵。
一个矮小侏儒，手提红绿灯，
谈话的样子，好像无他不可，
站在劳累的伯爵脚边，
他没有睡，也不想睡。

我们擅自在这里狂欢庆祝，
自从你离开此地，
因为我们还以为你在远方，
我们正想在此痛饮一番。
倘若你不疑惑，就请赏光，
侏儒们会吃喝酣畅，
祝贺富有的俊俏的姑娘。
伯爵还置身快乐睡乡：
你们尽快使用这个地方！

这时三名骑士策马到来，
他们从床下冒将出来；
后面跟着一支又吹又唱的乐队，
都是一些矮小可笑的形象；
满载家具的车辆一辆接着一辆，
看得人目不暇接，声音震耳欲聋，

只有在国王的宫殿里才能这样；
最后是嘉宾和新娘，
坐在一辆金碧辉煌的车上。
这时大家都抢着奔跑，
要进大厅选占自己的座位；
人人都挑选一位心爱的人，
大跳华尔兹，欢乐旋舞，
管弦乐齐奏，铿锵悠扬，
拥抱旋转，热闹非凡，
耳语嚓嚓，嗡嗡不断；
伯爵在一旁观看，
觉得好像要患寒热病躺下。

这时大厅里桌椅板凳，
发出噼啪声响，
大家都依偎着自己的情人
在丰盛的席上一同举杯，
香肠火腿一样接一样，
煎烤的鱼肉和家禽不时端上，
珍贵的美酒轮番递上。
欢情笑语持续很久，
最后随着歌声消逝。

* * *

那么要请你们别再嬉闹喧嚷。
他如此完美在小型婚礼中可以见到，

在大场面下他也会享受。

喇叭和歌唱声，

车辆，骑马的人和迎亲队伍，

无数祝贺的群众，

都来此，点头互相祝福，

过去这样办事，今天依旧这样。

白昼工作！夜晚狂欢！

辛劳一周！欢度节日！

这就是你未来的咒语。

科林斯的未婚妻

一个年轻人离开雅典，
来到陌生的科林斯。
他希望得到市民的欢迎；
双方的父亲早就熟识，
他们二老当初就曾
把自己的儿女
许诺为未婚夫妻。

倘若他用重金贿赂宠信，
他是否也会备受欢迎？
他们原本都是异教徒，
对方已进行洗礼，成了基督徒。
一个信仰重新萌发，
爱情和忠诚，往往
像是一株讨厌的杂草被无情拔除。

他们全家，女儿们和父亲
都已入眠，清醒的只有母亲；
她热情接待这位客人，
即刻把客人带进豪华客厅，
美酒佳肴，引人注目，
他并没提出要求。

她侍候完毕，才说了一声“晚安”。

可是这些美味的酒食，
并没引起他的食欲；
疲惫使他忘记了饮料和食物，
他衣服未脱，就上床欲睡；
他正快睡着，
只见一位罕见的客人
缓步走进房门。

在闪烁的灯光下，他看见一位姑娘，
披着白色的纱巾和外衣，
举止文雅端庄，走进房门，
头上系着一条两色丝带，乌黑金黄。
她向他看了一眼，
慌忙地举起
一只白嫩的手，惊惶失措。

她叫嚷起来，我在家里难道是陌生人？
有关客人的事，竟一点也不知情。
啊，人们让我躲进那间修道小屋！
以致此刻我在这儿羞愧难当。
继续休息吧，
在那边的床铺上，
像刚来时一样，我必须迅速走开。

“请停下，美丽的姑娘！”这是年青人的叫声。
他连忙从床上起身：
这儿满是谷神和酒神的馈赠；
亲爱的姑娘，而你给我送来爱神！
你的面孔惊慌苍白！
亲爱的，请过来，
让我们体会，神灵是怎样欢度。

停住，啊，小伙子，不要走近；
任何欢乐不属于我。
由于病中母亲的胡乱妄想，
啊！这最后一步已成现实，
病愈后的母亲发誓：
我的青春和身体
将来都向苍天归属。

迅速离开，那各种各样的古老神灵，
剩下这空洞的房屋，寂然无声。
十字架上的耶稣备受崇敬，
无法看见的只有天上的唯一神灵；
这儿呈献的祭品，
不是羊羔，也不是公牛，
祭品是人，这可前所未闻。
他提出问题，揣摩所有的话语，
其中任何一句他都铭刻在心：
难道亲爱的未婚妻就站在

那角落，在我面前？
我们父辈曾誓言：
你属于我！
已为我们祈求到了天赐的幸福。

你，好人！你无法得到我，
他们已把我二妹许配给你。
当我在寂寞的修道室里受苦，
啊，在她的怀里你可要把我想起，
我想念你，
我为相思病入膏肓；
将不久于人世。

不，你就借着这火光发誓，
这是侯蒙赐我的善意；
我同欢乐并没把你抛弃，
请跟我一起去到父亲的庄园。
亲爱的，在这里留下！
马上就和我一起，
令人惊讶地举行结婚盛宴。
他们已交换了定情信物；
她赠他一条金链，
他赠予一只酒杯，
银质酒杯，精致得闻所未闻。
“这只杯子我不能接受；
可是，我向你请求，

请赠一绺你的头发。”

低沉的精灵时钟刚刚敲响，
此刻他好像才显得满意。
她用丧失血色的嘴唇贪婪啜饮
那暗黑的血色葡萄酒；
可是那洁白的面包，
她一片不要，
尽管他好意奉劝。

她给小伙子送上酒杯，
他像她一样连忙举杯痛饮。
相视对饮时，他向她求欢；
啊，他不幸的心，
不管他怎样乞求，
可是她却一直拒绝，
直到他倒在床上哭泣不休。

她走到他面前，跪倒在地：
我真是不愿看着你如此痛苦！
可是你若是触到我的肢体，
你会震惊，我对你隐瞒的情况。
雪样洁白，
冰样冷冻，
这就是你为自己挑选的对象。

他用男人强壮的手臂将她紧紧拥抱，
施展男人青春的爱情力量：
希望你从我身上取得温暖，
即使你来自坟墓！
我们尽情亲吻！
我们尽情地温存！
你不感到兴奋？不感到我的激情？

爱情把他们更紧密结合，
眼泪混杂着他们的欢乐；
意识到彼此热烈相爱，
她贪婪地吮吸他口中的欲火。
他那爱的狂烈
温热了她那凝固的血液，
可是她胸膛中的心脏却未跳动。

这时已经很晚，母亲还轻轻
走过房屋的走廊；
她长时间贴近房门静听，
这是一种什么特别声响。
是未婚夫妻
在欢乐呻吟，
发出阵阵狂欢声浪。

她站在门外静止不动，
因为她首先得使自己确信，

听到爱情的山盟海誓，
甜言蜜语混和着嗔怪——
“且慢！雄鸡啼鸣！——
明天晚上
你还来吗？”——又是频频狂吻。

母亲恼怒得无法自制，
迅速打开她熟悉的门锁：
“在我家中竟然有这样的荡妇？
转眼间就听从陌生人的意志摆弄？
立刻，她冲进房门。
在灯光下
她看见——上帝啊！她竟是自己的闺女。
开始这小伙子慌张不知所措，
接着，他想遮住爱人的赤裸身材，
用姑娘自己的面纱和床罩；
可是她立即挣脱出来。
这位姑娘
好似有一种魔力，
缓缓在床上坐了起来。

妈妈！妈妈！她的话语低沉，
你不让我度过良宵！
把我赶出这温暖的怀抱。
难道要唤醒我走向绝望？
难道你还不觉得称心如意？

你不是早就给我裹上尸布，
把我送进了坟墓？

可是一种奇异的决断。
把我赶出了不能气喘的困境。
牧师们喃喃地唱诗，
毫无意义，包括你们的祝福；
盐和水不会冷却，
年轻人的真情；
啊！人世间爱情不会冷却。
当初，这小伙子向我许诺，
凭着维纳斯那青春焕发的神庙。
妈妈，你没履行你的诺言，
因为一个陌生、虚伪的誓言把你束缚！
神灵不会听见，
如果妈妈发誓，
解除女儿的婚约。

人们把我赶出坟墓，
我还在寻找那发觉丧失了的财富，
我还要继续爱我曾失去的丈夫，
吮吸他心中的血。
直到他丧命。
就换成别人，
年轻人无力抵抗我的狂热。

漂亮的小伙子！你活不了多久；
现在你衰弱消瘦在此。
我已把我的金链给你；
还要随身带走你的——一绺头发。
你仔细看清！
明天你的头发就将变成灰白，
只有在那儿你才会重回褐发。

妈妈，你听着，这是最好的请求：
你码放好那堆堆柴垛，
打开我那阴森恐怖的小房间，
把双双情人送进火中寻觅安息！
只要火星迸出，
只要烧成灰烬，
我们就赶忙去见古代的神灵。

神和舞女

——印度宗教传说

摩诃天，这位万物之主，
第六次下落凡间尘世，
与我们一同感受欢乐痛苦，
他变得和我们无异。
他使自己适应一切，在此居住，
他要让一切发生。
受惩罚或得到保护，
他都得通过人性判断。
他游览全城，四处观看，
把大人物窥探，把小市民察看，
夜幕降临他才离开，继续跋涉。

现在他出了城，
经过排排简陋的小屋，
他看见一个漂亮的风尘女子，
满面脂粉，浓妆艳抹。
你好，姑娘——欢迎光顾！
等一等，我马上就来——

你是谁？——我是舞女，
此地就是青楼。
翩翩起舞，抚弄乐器；
她舞姿动人，妩媚可亲，
她弯腰伏身，把花束向他递送。

她娇声软语引他入室，
殷勤把他带进内房。
“英俊的贵客，这房间
马上就会灯火辉煌。
你若劳累，我能让你振作精神，
减轻你双脚的酸疼。
你要什么，应有尽有，
休息，说笑，尽情欢乐。”
她忙着驱散他假装的疲劳，
神灵微笑；他欣慰地看到
她虽深深堕落，——一颗心却通达晓事。

他把她当做奴仆；
她却一直开朗欢乐，
这姑娘的早年舞技，
已逐渐成为一技之长。
业已开出花朵。
不久还将结出果实，
感情上已有顺从想法，
爱情距离不会遥远。

可是为了对她进行更大考验，
这位行家天上和人间看遍，
把欢乐、恐惧和深重的苦难挑选。

他在她的粉脸印下亲吻，
她感受着爱情的痛苦，
爱情俘虏了这位舞女，
她第一次肝肠寸断；
跪倒在他的脚下，
不是为了奖励，不是为了求欢，
啊，原本灵活的肢，
现在完全不听使唤。
为了畅快地度过狂欢，
良宵撒下神秘惬意的纱网，
给他们罩上朦胧的纱帐。

她很晚入睡，只因久久欢情，
休息不长，又早早醒来，
她发觉那位可爱的客人
已丧命在她的怀抱。
她哭倒在他身上狂叫不已；
可是怎么也无法把他唤醒，
人们抬着他那僵硬的尸体，
立即送往火葬场地。
她听到牧师们在念葬经文，
连忙奔跑过去，拨开人群。

“你是谁？为什么闯进墓地？”

她倒在棺材旁，
她的喊声回荡长空；
我要要回我的丈夫！
我要到墓地把他探访
他的肢体神灵一般美好，
我怎能让它火化消失？
他属于我，庸中佼佼，
啊，我们只做了一夜甜蜜夫妻，
牧师们在念葬歌，我们抬送老人的尸体，
多年劳累，暮年身亡躯冷，
可是竟然也会抬送这令人惊讶的小伙子。

你得听从牧师们的教导启迪：
这个人并非你的夫君。
你一直过着舞女生涯，
因此，没有这样的义务。
只有影子才将跟着尸身，
进入阴森恐怖的阴间；
只有妻子才能跟着丈夫：
这是义务，同时也是荣誉。
喇叭鸣响，吹起圣洁的悲伤旋律！
神灵啊，带走世间这位光彩的人，
把这火葬的年轻人带往你们的仙境！

这些没有同情心的家伙，
增加了她心中的痛苦，
她伸开自己的双臂，
跳进炽热的死亡。
可是那位天神青年
却从烈焰中翻身坐起，
爱人在他的怀抱里
一起飘游升向天庭。
天神原谅悔过的罪人；
热烈伸出双臂的伟大圣灵，
抱起曾沦落的孩子们升入天庭。

散 文 ■

致母亲

一

我唯有告诉您，快乐显得总是立刻与我背道而驰，在如此快乐的时候妹妹的去世使我感到意外，因此她的去世使我更加痛心，除此之外我别无他言。我唯有通达人情地去感受，并把自己交给——让我们短时间地感到剧烈的疼痛，长时间地感到悲伤的——天性。愿您生活快乐，请您关心父亲的健康，我们只有一次这样地在一起。克劳斯所画的画像已经完成了，不久就会送到家里。再见，亲爱的母亲。请您代我问候可怜的施洛塞尔。

1777 年 6 月 28 日于魏玛

二

我想再次见到您的希望，迄今总是由于那些——我或多或少地非得在这里予以处理的琐事而减弱。但是现在出现了一个机会，可是我得首先要求对此最严格的保密。公爵有兴趣欣赏莱茵河畔最美丽的秋天，我或许与他一起同行，另外还有侍从官韦德尔。途中我们可能将在您那里做客，逗留几天，以便避开博览会的乐趣，接着由水路继续前进。然后返回来并在您那里安置我们的住所，以便从那儿出发访问附近地区。倘若您平淡地抑或富有诗意地对待此事，那么这其实就是您的已经过去的生活，而我就好像第一次非常轻松愉悦地、尽可能光荣地返回我的故园。因为我也欢喜人们会为此吹起口哨，因为在撒马利亚群山之麓葡萄长得这样茂盛。我只是希望您和父亲能够坦率地、文雅地接待我们，而且感激上帝，让您们以这种方式重新见到您们的年已三十岁的儿子，除此之外我别无他求。因为我抵制住从这里溜掉、而且使您们感到意外的一切诱惑，所以我也想随心所欲地享受这次旅行。我不期望不可能的事情。上帝不愿意，父亲会享受那些如此热切地希望过的、现在已经成熟的果实，上帝损坏了他的胃口，情况就是这样。对于这方面我除了愿意对于某种行为的片刻的心境使他想到某事以外没有其他奢望。可是您，我十分高兴地想看到，这会给您从未有过的美好的一天。我享有一个人能够要求的一切，我享有每天都在进行练习，每天都在长大的一种生活，这一次我健康地回来，没有狂热，没有杂乱无章，没有糊涂的行动，而是像一个得到上帝钟爱之人，一个已经度过了自己的人生的一半而且从以往的痛苦中希望将来碰上一些好事，同时也为未来的痛苦表现出自己的胸怀的人，当我觉得您们快乐时，我将兴致勃勃地回转来投入等待着我的每日的工作和辛劳。

1779 年 8 月 9 日于魏玛

三

到目前为止我既没有时间又难以宁静地回答您上一次令人高兴的来信。就在这一封信中见到您的那些过去的、我所熟知的观点再一次描述出来，读着您的亲笔信，这使我感到十分愉悦。我请求您，不要为我担心，不要让任何事情把自己搞糊涂。现在我的健康状况比我以前能够预料和希望的情况好多了。因为它至少足以绝大部分地抵御住压在我身上的那种病痛，因此我当然有理由对此感到满意。关于我自己的情况，虽然有大量的负担，可是对我来说它也有很多符合理想的东西，对此最好的证明是我自己难以想象存在着我目前打算越过去的其他可能的情况。因为由于患疑病的不惬意而希望从自己的外壳出来进入另一个外壳的做法，在我看来，恐怕不恰当。默尔克和一些人完全错误地估计我的状况，他们只看到我所牺牲的东西，而没有看到我所赢得的东西，他们不能理解，我通过每天付出这么多的代价而使自己日复一日地变得富有起来。您一定会回忆起，我来这里以前，在您那里度过的最后的时间，我如果在这样的情况下继续待下去，就一定会灭亡。小市民圈子的狭隘和行动缓慢与我的本性的广阔和行动敏捷不成比例，有可能会使我疯狂。倘若我生动地想象和猜测人类的事物，我好像总是对世界一无所知，好像继续停留在永恒的童年中，这样的童年在大多数情况下由于骄傲自满及全部类似的错误使自己和别人不堪忍受。看到我自己处于这样一种境地，这多么令人高兴啊，我没有在任何方面提高，我由于缺乏理解力和仓促行动所产生的某些错误而有足够的机会认识自己和别人，我听任自己和命运，经过这么多考验，这些考验对于成百上千的人来说也许不必要，然而对于我的培养和训练是十分需要的。再看着现在，我如果有可能，根据我自己的方式，希望得到比一种对我来说具有某些无止境的东西的情况更加快乐的情况。因为倘若在我心中每天都产生新的能力，我的观念不断地得到澄清，我的力量得以增强，我的知识得以扩大，我的辨别得到纠正，我的勇气变得更大，那么我每天都有可能得到机会，时而在大的方面，时而在小的方面，运用全部这些特性。您看到，我现在多么远离——使这么多人与他们的情况发生纠纷的——患疑病的不惬意，只有最重要的考虑抑或非常特殊的、出乎我的意料的情况能够促使我离开我的职位，如果我在——已经种下的树木开始生长，人们可以希望在收获时将杂草与小麦分开的时刻，由于任何不惬意而走开，而且打算夺走我自己的背阴处的果实和收获，那么这恐怕对我自己也是不负责任的。在这期间您要相信，我所具有的和借以发挥作用的十足的勇气的一大部分产生于这种思想，全部这些牺牲都是自愿的，我只应该让邮车的马匹套车准备出发，以便在您那里，绝对宁静地重新得到生命之所需和生活的愉悦。因为如果没有这种希望，如果我在麻烦的时候必须把自己看做只是为了日用必需品的农奴和临时工，那么有些东西在我看来就会变得艰难得多。希望我总是从您那里听到，您的兴致勃勃——即使在父亲目前的状况下——决不离开您。请您继续努力使自己获得这样多的变化，犹如在您周围的愉悦的生活给您提供的那样。看来我不可能在今年秋天会离开这里，无论如何不可能在9月底以前离开这里，但是我会设法在采摘葡萄时回到您身边。因此请您写信告诉我，是不是采摘葡萄的时间会由于夏季的好天气而可能提前。

再见。请您代我问候我从前的好朋友。

1781年8月11日于魏玛

四

亲爱的母亲，从您的来信中，我十分高兴地看出，您身体健康，而且尽可能地享受生活的欢乐。您首先得到《麦斯特》的第四部，除了您业余爱好的戏剧以外，我衷心地向您推荐这部作品。

此外，贝蒂女士的行动违背了全部的生活方式，违背了一切慈母般的感情，她唯有在一瞬间以犹如关于我的消息这样的流言飞语损坏您。您知道，我绝不是脑满肠肥之人，何况人们由于重大的事情而变得严肃认真也是理所当然的了，尤其是，如果人们先天爱动脑筋，而且希望世界上充满善良和正义的话。

倘若人们在六九年天气恶劣的冬天，明确地预先向您指明，人们会重新以这种方式在撒马利亚群山上种植葡萄园，而且为此而吹口哨，那么您可能会多么兴高采烈地加以接受。

因此请您让我们好好儿地把这几年设想为礼物，犹如我们应将我们的一生完全这样设想，而且感激地辨认出所添加的每一年那样。

根据我的体质，我现在身体健康，我能够主管我的事业，享有与某些好朋友的交往，与此同时，还留下时间和精力用于从事一项又一项最喜爱的活动。我或许不知道，为我自己设想或想出更好的位置，因为我了解这个世界，它对于我来说并不像在山后看起来那样是隐蔽的。

您，在您看来，请您现在为我的存在感到高兴，虽然我或许会在您的前面离开人世。我的一生没有给您丢脸，我留下一些好朋友和一个好名声，于是这会成为对您的最大的安慰，因为我没有完全死去。

在此期间您要宁静地生活，或许命运还会同时给我们一个可人的年龄，我们可真要感激地尽情享受这个年龄。

1783年12月7日于魏玛

五

我希望，亲爱的母亲，不久就重新见到您和我在法兰克福的可敬的朋友们，看来我的希望现在已经化为泡影了，因为目前的情况迫使我，从杜塞尔多夫出发，经帕德博恩和卡塞尔返回魏玛。

迄今为止我多么为您担心！我的同胞们目前所处的境况多么令人同情！可是我又多么钦佩这些同胞在如此危急的情况下的行为！当然，除了询问我是不是能够对接受市议员职务做出决定以外，没有任何事情能够使我更感到得意了，假如我交上好运，这个职务在这样的时刻交到我的手中多好啊！因为作为出生于法兰克福的市民，在欧洲面前，甚至于在全世界面前都是一种荣誉。

我青年时代的朋友——我有这么多的缘故永远尊重他们——除了通过他们在这个重要的时期认为我值得参予对公共活动的管理以外，再也没有什么能够更好地证明他们对我的持续的怀念了。

您的来信——我在战争的混乱中间收到这封信——使我在我必须经历的悲惨的时刻感到欢畅，我可以根据情况产生这样的希望，不久之后重新见到我可爱的故乡城市。

那时我的意图是，对人们向我表示的这种极大的荣誉当面道谢，而且同时详尽地、坦率地说明我目前所处的境况。

鉴于任何一个思维正常的人对于自己的祖国所怀有的不可遏制的偏爱，倘若不是在另一方面我这里的境况是如此幸运，而且我或许可以说，对我的功绩非常有利，那么拒绝担任任何一个公民都会高兴地接受，尤其是在目前应该接受的职务，对我来说恐怕会成为一次令人痛心的否定。

公爵殿下这么多年以来对我恩重如山，我对他们负债累累，以至于我如果在这个国家最需要忠实的仆人的时刻离开我的职位，这或许就会成为最大的忘恩负义。

因此请您，我恳请，最热烈地感激那些对我表现出这么友好的态度的、可尊敬的人们。请您（向他们）保证我的这些最真诚的感激之情。而且请您设法得到他们对我的未来的信赖。

只要情况稍微允许，我就会满足我心中的这种情感，并详细地口头阐述在这封信中唯有表面地说明的这种理由。愿那些使我的尊敬的同胞们现在担心的一切事情始终远离我们，愿我们大家值得渴望的和平重新显现。再见。

1792 年 12 月 24 日于魏玛

六

这一次，亲爱的母亲，我亲手给您写信，以便您确信，我目前的健康状况还可以。

这种疾病当然并非完全没有警告地向我袭来，因为已经有一会儿我的身体状况就不完全正常。倘若我去年，像我从前的做法那样，使用了浴疗，那么我或许还可以幸免，可是因为我没有任何真正的病痛可以诉说，所以就连最熟练的医生也不知道，他们到底应该对我提出什么建议，我由于贪图安逸，忙于事务和为了节俭的原因妨碍了自己前往皮尔蒙特的一次旅行。人们当时曾打算鼓动我进行这次旅行，虽然如此，我仍旧听凭偶然事件作出的一次（产生）危机的决定。

在显现各种不同的黏膜炎性的症状之后，在去年年底，疾病终于突然发生了，现在我很少回忆起那危险的九天九夜，对此您已经得到消息了。

我自己一重新冷静下来，情况就很快好转，在体力方面我现在感觉已经差不多好了，在智力方面好像不久就可以重新恢复到过去的水平。

值得注意的是，一种类似的疾病在这个月里有时在我们的附近显现，有时在相当远的地方显现。

我心爱的小姑娘在这种场合证明自己多么善良、细心和深情，您一定会想象，我难以足够地赞扬她的不知疲倦的活动。奥古斯特同样十分听话，这两个人在我重新开始生活时使我十分愉悦。

公爵殿下，诸侯家族，故乡城市和邻居在我这次事故中所表现的同情也使我感到异常欣慰。我至少可以不揣冒昧地认为，人们给予我一些好感，而且把我的存在看得相当重要。

因此我们一定要从中得到最好的东西而且考虑我们怎样逐渐地重新连接生命线。

我祝愿您能够十分健康、欢畅地度过这个冬天，因为我既可以不受防碍地见到社交界人士又不忙于工作，所以我不想毫无收获和消遣地度过不幸的这几个月。

1801 年 2 月 1 日于魏玛

七

请您，亲爱的母亲，接受我最衷心的感激，万分感激您对我们的奥古斯特所表示的一切好意！对他的叙述现在使我们得到欢畅，希望对他的在场的回忆会给您带来一部分这样的欢乐。因此我们非常生动地向您和我们的全部老朋友陈述。请您衷心感激全部如此亲切友好地接待他的人们。他的这个观察世界的初次尝试竟如此地成功，以致我对他的未来抱有很大希望。他的青年时代是快乐的，我希望他也会生气勃勃地、愉悦地进入一个更加重要的年龄阶段。他对您的持久的健康的描绘使我们非常高兴，他应该总是重复他的描绘。鉴于一些活动，在这些较好的日子里我也感觉身体十分好。我们最美好地、最善意地、最感激地问候大家。

1805 年 5 月 6 日于魏玛

《雅典神殿入口》发刊词

年轻人一旦被自然和艺术吸收，他们就认为，只要积极努力，不久就能进到神殿的最里面，而成年人经过长期四处漫游之后感觉到，他一直还在神殿的前厅。

正是这一认识，促使我们为我们的刊物取了这么一个刊名。台阶，大门，入口，前厅，殿内与殿外之间，神圣与平凡之间的空间，都只是我们同我们的朋友总是停留的地方。

假使有人看到“神殿入口”这个词就特别想到那些通向雅典城堡，通向弥涅耳瓦庙的建筑，那也并不违背我们的意图，只是请不要以为我们胆大妄为，好像我们也想把这一刊物办成一份富丽堂皇的艺术水平很高的刊物。采用这个地名，是要表明这份刊物或许能办到的事情，那就是我们期盼着与这个地点相称的对话、交谈。

哪个思想家、学者、艺术家不想在他风华正茂的年龄能置身于那样的地方，至少在想象中能住在那样的民族中间，我们所企求的但又达不到的完美在那样的地方，在那样的民族那里是自然的，在他们那里随着时间的推移和生活的积累形成了一种美好的、向上的教养，而这样的教养在我们这里只是暂时显现，而且是支离破碎的!

哪一个现代民族的艺术教养不是归功于希腊人?而且在某些方面，它们比我们德国民族从希腊人那里吸收了更多的东西?

以上所述为的是请大家对我们采用这个刊名表示原谅，如果有此必要的话。采用这个刊名应使我们记住，我们尽可能不要脱离古典的土壤，我们的刊物应该简洁明了，意味深长，从而使我们更能满足那些我们想通过这个刊物引起他们兴趣的艺术爱好者的要求。我们这份刊物将发表相处融洽的朋友们对自然和艺术的各种见解和看法。

那些有志成为艺术家的人，必须要积极地关注自己周围的一切，各种对象以及它们的各个部分都能引起他们的注意。在他们实际使用由此而获得这些经验的过程中，他们也逐步受到训练，感觉越来越敏锐。最初，他们是为了自己而尽量使用这一切，后来我们也乐于把自己的经验告诉别人。因此，我们也想把某些我们认为是有用的和适宜的东西，把某些多年来我们在有些情况下记载下来的东西，提供并讲述给我们的读者。

只是，谁不欢喜纯粹的议论尽可能少一些？因此，我们将尽快将我们的感觉、我们的看法、我们的判断同我们的实际体验结合起来，从而使我们不要长期停留在静观的状态，而是不久就能提出这样一些值得重视的看法。不过，我们重视它们，只是因为我们信赖自然和我们的精神水平。

我们有充分的信心能办好这个刊物，其中更主要的缘故是我们同很多人的关系和谐，我们知道我们并不是单独地，而是同大家一起进行思考，进行工作。每当别人的看法与我们的看法正好相反时，我们就会产生一种怀疑和担心，我们思考的方式是否与众不同。只有当我们的看法引起了很多人的回响，这种怀疑和担心才会减弱，甚至消除。到那时，我们才会满怀自信继续为我们占有已由长期的经验逐步向我们以及别人证明是行之有效的基本原则而高兴。

很多人联合起来，以上述的方面共同合作，他们就可以成为朋友，因为他们有共同的兴趣，不断地完善自己，他们追求的目标有非常相近的关系。这样，就可以确定无疑地说，他们肯定能够殊途同归，即使有一种倾向看来把他们相互分离，不久也能又把他们聚合在一起。

谁没有过这样的体验，在这样的情况下进行讨论会带来多大的益处！讨论本身总是刹那即逝，相互教诲的结果是不可磨灭的，而取得这样结果的手段却被人遗忘。

相互通信可以更好地保存下友谊发展的各个阶段的痕迹，每一发展瞬间都被用文字记载下来。如果说，已经达到的给我们以慰藉，那么回顾其形成的过程则给我们以教益，因为它同时又给我们带来希望，未来将不断发展。

人们有时把自己的想法、信念和愿望写成短文，这样过一阵时候就可以同自己再次交谈。这样的短文同时也是帮助我们靠自己和靠别人进行修炼的很好手段。如果想到生命所拥有的时间是那么短暂，而完成每一项事业又有那么多的障阻，那就既不可忽略依靠自己的力量进行修炼，也不可忽略凭借外力进行修炼。

这里特别提到那些竭力想在艺术和科学的领域中大展宏图的朋友们之间的思想沟通，是理所当然的，虽然平时的生活也应该重视。

不过，对科学和艺术来说，不仅这种更为紧密的合作非常重要，而且就是同读者或观众的关系也相同重要，因为它成为一种需要。人们想到的和做到的一旦具有了一般性，它就属于世界，而且世界从个人的成就中获得有利于自己的东西，也使世界本身趋于成熟。作家感到有一种追求赞扬的欲望，这是自然注入他心灵中的一种冲动，诱使他向高处努力。这样的作家会以为，他已经取得了桂冠，但不久他就发觉，由于幸运和偶然或许暂时也可以得到公众的喜爱，然而要想长期得到公众的喜爱，那就必须对任何一种先天的能力都要进行更为辛苦的磨炼。

对作家来说，他同读者的关系在其创作的早期是如此重要，但就是到他创作的晚期，这种关系也不可缺少。虽然作家的天职并不是教训别人，但他总是想把自己的看法告诉那些他知道与他志趣相投但又分散在世界各地的人们。他希望，通过这种方式恢复与老朋友的关系，保持同新朋友的关系，并希望在他的有生之年在下一代人当中也能找到另外的朋友。他希望，年轻人不要再走他走过的弯路，在他重视和利用当前各种便利条件的同时，也希望年轻人能永远记住前人的卓有成效的种种努力。

根据这一严肃的精神，组成了一个小小的团体。希望我们的工作能有一个欢快的氛围，至于我们走到哪一步，那唯有由时间来决定。

我们计划发表的文章，是由众多作者撰写的，但希望在主要点上不要相互矛盾，虽然每个作者的思维方式并不一定完全一致。任何一个人看到的世界都不会与别人看到的一模一样，由于各人的性格不同，因而即使大家一致承认的原则运用起来也各不相同。甚至一个人的观点和判断也不会总是一样的，原先的信念必定要为后来的信念所替代，一个人的思想和言论不可能个个都能经得住全部的考验，所以人们在自己的道路上只要能对自己和别人始终保持真诚就够了！

作者们非常愿意而且也十分希望，他们之间以及他们与大部分读者之间能有一种和谐的关系，但他们也不能不看到，反对他们的声音将会从四方八面传来。假使他们不只在一个方面背离了占统治地位的看法，那他们所碰上的这种情况就会更多。他们毫不含糊地讲他们自己的看法，这并不是想要约束抑或改变任何一个第三者的思维方式，而且他们回避还是接受争论，也是根据具体情况而定。不过，总体上，他们始终只坚持一种信念，尤其是那些在他们看来培育一个艺术家不可或缺的条件，他们将总是反复强调。谁如果觉得某事重要，谁就必定会明确表态，否则的话他在任何地方也不会有什么影响。

我们曾经说过，我们将发表关于自然的看法和见解，但同时我们也必须指出，我们尤其重视那些首先是与造型艺术，其次是与一般艺术，最后是与艺术家的一般修养有关的看法和见解。

对艺术家提出的最高的要求就是：他应依靠自然，研究自然，模仿自然，并创造出与自然现象毕肖的作品来。

这一要求到底有多么宏大，多么非同一般，人们并不是总能想到，就是真正的艺术家也只是在不断修炼的过程中才能体会到。有一条巨大的鸿沟把自然同艺术分开来，就是天才如无外来帮助也难以跨过这条鸿沟。

我们在我们周围所发现的一切，都只是粗糙的材料。如果说，一个艺术家通过直觉和趣味，通过训练和试验就能达到这样一步，他知道如何从事物中找出它们外在美的方面，知道如何从现存的事物中挑选出最好的事物来，而且知道至少要创造出一种令人欢喜的外表来，这已经实属少见，那么——尤其在现代——更为少见的是，艺术家既能洞察到对象的深处也能洞察到他自己情感的深处，从而在他的作品中不仅能创造出轻易地就能产生表面效果的东西来，而且也能创造出可以与自然相匹敌的在精神上有机的东西来，而且赋予他的作品这样一种意蕴，这样一种形式，使他的作品看起来既是自然的同时又是超自然的。

人是造型艺术最高的对象，甚至可以说，是它的真正对象！为了了解人，为了能走出构造的迷宫，必须掌握有关有机自然的一般知识。就是对于无机物，对于自然的一般作用，艺术家也应从理论上有所了解，特别当有些无机物，如声音和颜色，可以用于艺术创作时，那就更是如此。不过，如果艺术家到拥有解剖学家、描绘自然的专家和自然教师的学校去寻找适合这一目的的东西，那他就是走很长很长的弯路，而且他在他们那里到底能不能正好找到他最需要的东西，还是一个问题。这些专家教师满足的是他们真正弟子们的需要，他们根本不会想到艺术家的那种偏狭的、特殊的需要。因此，我们的意图就是把这份刊物办成一个媒体，虽然我们难以预料能否尽善尽美地完成必须做的工作，但我们要从总体上勾画出一个概貌，在具体上指导实际操作。

人的形体仅仅通过观察它的表面是难以了解的，因为它是作为一个迷人的不可分割的整体在我们面前波浪起伏地活生生地进行运动的。因此，要想真正看到并模仿出人的形体这个运动的整体，那就必须揭示出它最内在的东西，分离它的各个部分，注意到这些部分之间的联系，识别出它们之间的区别，熟悉作用和反作用，牢记现象中隐蔽的、静止不动的、基础性的东西。只是观察一个生命体的表面现象会使观察者莫衷一是，因而在这里，也像在其他场合一样，可以把这句真正的格言挂在墙上：只有知道了的东西，才能看到！这就像视力差的人一样，他看一个已离开了自己的对象，比看一个他刚刚接近他的对象所得的印象更真切，因为在前一种情况下有精神的视力帮助他。所以说，只有认识了，才能真正看到。

一个懂自然历史的专家同时又是一个画家，他可以很好地模仿对象，因为他知道而且重视构成整体性质的各个部分中那些重要和意味深长的东西。

精确地了解人的形体的各种部位——最后又必须把这一个部分看做一个整体——可以大大促进艺术家的创作，同样，对相关对象的概括了解、局部了解也对艺术家大有益处，前提是艺术家有上升到理论的能力，他能够抓住看来互不相干的事物之间的紧密关系。

比较解剖学已经提供了有关有机体的一般观念，因为它指引我们不仅考察一种形体，而且考察多种形体。在我们考察关系亲疏不同的各种自然物的同时，我们也就超越了全部这些自然体，把它们的各种特征看做是一个理想的图像。

如果我们紧紧地抓住这个理想图像，我们就会发现，在观察对象时我们的注意力有一个特定的方向，通过比较更容易获得和牢记各种各样的知识，最后我们还发现，只有当我们至少知道一点自然是如何创造它的作品的方式，我们在创造艺术时才能与自然相匹敌。

其次，我们也鼓励艺术家掌握一些有关无机物的知识，现在我们更应该这样做，因为现在我们轻而易举就能知道矿物王国的情况。画家要想画出石头的特征，就得有一些关于石头的知识，雕塑家和建筑师也需要知道有关石头的一些知识，这样他们才能使用它，琢刻宝石的工人不能不懂宝石，行家和爱好者同样也得朝这个方向努力追求。

最后，我们曾经向艺术家建议，要对自然的一般作用有个观念，以便了解他们特别感兴趣的那些自然的作用。这样，他们一方面可以更全面地培育自己，一方面也可以更好地理解与他有关的东西。现在，我们想就这一非常重要的方面作一些补充。

迄今为止，画家只是对物理学家的颜色学说表示赞叹，而没有从中吸取益处。当然，艺术家的天然感觉，持续不断的练习，实际的需要，会指引他走上一条自己的路：他感到活生生的对立，由这些对立的结合产生了各种颜色之间的和谐，他通过接近正确的感觉画出了颜色的各种特征，他画出了冷色，画出了暖色，画出了表示近的颜色，画出了表示远的颜色，更为重要的是，通过这些画法他以他自己的方式使这些现象接近于最普遍的自然规则。或许这也证实了这样一种推测，颜色的自然效应，像磁效应、电效应以及其他的自然效应一样，是建立在相互作用的基础上，是建立在两极对立的基础上，抑或也可以称为在一个坚实的统一体中的二重现象，甚至是多重现象。

不厌其烦地介绍这种学说，让艺术家能了解这一学说，我们将这看做是我们的义务。既然我们所要做的仅仅是阐释艺术家迄今凭直觉所做的事情，并把它们归结到基本原则上去，那么我们就更加希望，在介绍颜色学方面做一些艺术家欢迎的事。

就自然这个方面我们首先想要谈的就讲这么多，下面再就艺术这个方面谈点最必要谈的东西。

因为现在这个刊物的安排是，我们发表单篇论文，有时甚至是论文的一部分，而我们的意图并不是要肢解整体，而是最终把这些各式各样的部分组成一个整体，因此就有必要尽快地简明扼要地介绍一下读者只有在以后我们发表的一篇篇论文中才能逐步获得的那些要点。为此，我们首先刊载一篇关于造型艺术的文章，根据我们的想法和方法介绍那些著名的分支。我们将特别注意，让人们看到每一分支的重要性，并指出，艺术家不能忽略其中的任何一个，令人遗憾的是，这种情况过去和现在都总是发生。

前面，我们在一般意义上把自然看做是素材的宝库，现在，我们该谈一下艺术如何进一步加工它的素材这一重要之点。

艺术家一旦把握住自然界的一个对象，这个对象就已经不再属于自然，甚至可以说，艺术家在把握住对象的那一刻就创造出了那个对象，因为他从对象中提取出了意义重大的、有典型意义的、引人入胜的东西，抑或甚至给它注入了更高的价值。

这样，就好像把更精妙的比例，更和谐的形式，更高的特性加到人的形体上去，画出了一个规则、完美、非凡、圆满的圆，自然在这里显现出它最美的地方，而在通常的情况下，自然由于广袤无垠很容易变得非常丑陋，落到无关紧要的地步。

同样，组合在一起的艺术作品以及它们的对象和内容也是这样，任务就是编故事。

那些在创作作品时不会选错对象、知道选择抑或甚至决定符合艺术的对象的艺术家该是多么幸运!

谁如果谨慎小心地在零散的神话中、在广为流传的故事中盲目搜寻一个适合于自己的主题，谁如果想以博学来增加分量抑或想通过喻意引起人的兴趣，那他在创作进行到一半时就总是由于始料不及的障碍而停顿下来，抑或即使创作结束了也没有达到最美好的目的。谁如果不能向感官把话说清楚，谁也就不会向人的心把话说准确。我们十分重视这一点，因而在这关头就安排了一篇详细谈及它的文章。

成功地找到了抑或构想出对象，下一步就是对对象的处理了，我们把这种处理分为精神的、感性的和机械的处理。

精神的处理就是要挖掘出对象的内在联系，发现从属的母题。如果说，从对象的选择可以判定艺术天才的深刻，那么从母题的发现就可以看出艺术天才的广博、丰富、充实和可爱。

我们称为感性处理的那种处理，就是通过它使作品对感官变得明白易晓，亲切可爱，而且具有一种温情的魅力，让人非看它不可。

最后，机械处理是那样一种处理，它通过身体上的某个器官对某些特定的材料进行加工，从而使作品成为现实的存在，具有了现实性。

由于我们的意图是想以这种方式能对艺术家有所帮助，并热切地希望，他们在他们的创作中能采纳某些忠告和建议，因而我们不无遗憾地想到那个令人沮丧的看法：任何一项工作，就像任何一个人一样，既会由于它所处的时代而受损，也会从中受益。因此，我们就难以完全回避这样一个问题，我们到底会碰上什么样的反应。

一切都处在永恒的变换之中，而且因为某些事物不能并存，所以就相互排挤。同样，知识，对某些实际操作的指导，想事的方式以及原则也是如此。人的目的基本上总是不变的：现在同几个世纪以前一样，人们也是希望自己是一个抑或成为一个优秀的艺术家和作家。然而，达到这一目的手段并不是每个人都清楚，因此为什么就不会显现这样的情况，人们以为，假使能像游戏似的就可以实现一项宏图大业，那不是再好不过了吗?

不言而喻，读者和观众对艺术有很大影响，他既然表示了赞扬，既然花了钱，他就要求作品能讨他欢喜，他就要求他能直接享受作品。绝大多数艺术家乐于顺从这一倾向，因为他们自己也是这些读者和观众中的一分子，他们也是在同一个时期长大成人的，他们也感到有相同的需要，他们也在同一方向上奔波，因此他们是同那些需要他们并使他们得以生存的大众一起动作的。

这样，我们就看到，整个民族、整个时代为它们的艺术家惊喜若狂，而艺术家又自认为他代表了他们的民族、他们的时代，因而双方都一点儿也不怀疑，它们走的路或许并非正路，他们的趣味或许至少是片面的，它们的艺术是向后倒退，它们的冲击是朝着错误的方面。

为了避免泛泛而谈，我们在这里专门谈一下造型艺术。

把无形式的东西变成活生生的形象，这对德国艺术家以及全部的现代北方艺术家来说，是非常困难的，甚至是不可能的。即使费了九牛二虎之力达到了这一地步，他们也难以长久保持。

每个在意大利生活过一会儿的艺术家都会问自己：难道不是亲眼目睹这些过去和现代艺术中最优秀的作品才在自己心中激起一种强烈的追求，要不断地研究和模仿人体的比例、形式和特点，要在实际操作中全力以赴，呕心沥血，使自己的作品能接近于那些完全依靠自身就能发挥作用的艺术作品，使自己能创作出那样一种作品，它在满足感官观赏的同时把精神也提高到它的最高境界吗?然而，这些艺术家又得承认，回来以后，这种追求就慢慢地松弛下来了。缘故是，他们很少能找到真正能看得懂、能欣赏、能思考这种作品的人，他们碰上的大多是这样一种人，他们粗略地看一看一幅作品，随便想点什么，根据他们自己的方式感觉和享受作品中的某种东西。

最坏的画也能激起人的感觉和想象力，是因为它动荡不定，自由自在，不受约束，最好的艺术作品也能激起人的感觉和想象力，但它用的是一种更高级的言语，当然必须是人们能知道的言语：这种言语紧紧抓住了感情和想象力，它夺去了我们的自由，我们不能随心所欲地对待完美，它迫使我们全身心地委身于它，我们经过提高和改造以后又靠它来维持我们自己。

这并不是梦，这一点我们将逐步具体而又清楚地让大家明白。我们将特别提醒人们注意现代人总是卷入的一个矛盾：现代人称古人是他们的老师，承认古人的那些作品有不可企及的杰出之处，可是在理论和实践中却又背离古人始终使用的原则。

因为我们把这一重要之点看做出发点并总是看做归宿，因而我们还发现了其他的现象，其中一些必须提一下。

艺术堕落的最突出的标志就是各种艺术种类的混杂。

各种艺术以及它们的各个种类相互都有连带关系，它们有一种倾向，就是相互结合，相互融合。然而，正因如此，真正艺术家的义务、功绩、价值，就在于他知道如何把他所从事的那种艺术同其他的艺术分离出来，知道如何使每一种艺术和每一个艺术种类都能独立自主，并尽可能使它同其他艺术或艺术种类隔绝开来。

然而，我们发现，全部的造型艺术都竭力要成为绘画，全部的文学都竭力要成为戏剧。这一经验的事实将诱导我们得出重要的见解。

真正的、创造规则的艺术家追求的是艺术真实，而听从盲目冲动不顾规则的艺术家则追求的是自然真实。通过前者艺术达到了顶峰，通过后者艺术降到了最低点。

一般的艺术是这样，艺术的各个种类也是这种情况。雕塑家的思想和感觉必定不同于画家，而且创作一个半隆起的雕像的做法也不同于创作一个圆形雕像的做法。现在有的人把平庸的作品尽量抬高，然后把各个部分，把各种人物替换下来，最后安上各种建筑和景物，从而成为一种既像绘画又像傀儡戏的东西。这种做法离真正的艺术越来越远，遗憾的是，现代杰出艺术家就选择了这条道路。

如果我们将来谈到我们认为正确的原则时，我们衷心希望，艺术家在实践中能对它们进行检验，因为这些原则也是从艺术作品中抽象出来的。就一项原则能在理论上与别人取得一致意见，这是很稀少的！然而，什么是有用的，什么是可用的，却很快就能作出判断。我们总是看到，艺术家在选择他们的对象时，在寻找从总体上符合他那门艺术的组合时，在具体安排时，落入不知所措的境地，就像画家在选择颜色时碰上的那种情况。如果显现这种情况，那就应该检查一下所依据的准则，然后就很容易知道问题出在哪里：通过使用这一准则，我们是更接近于伟大的榜样以及这些榜样中我们喜爱的、给予高度评价的那些东西呢，还是它使我们在实践上把一项尚未经过深思熟虑的经验弄得混乱不堪？

如果说，有的原则有助于艺术家的成长，能指引艺术家摆脱困境，那么这些原则同样也能用于阐释、评价和判断古今的艺术作品，反过来说，通过考察古今艺术作品也会产生这些原则。现在，坚持这一点更加必要，因为虽然对古代作品的优点到处都是一片赞扬声，但在现代人当中，不论是个人，还是整个民族，总是正好认不出古代作品的最大优点到底是什么。

因此，精确地检验古今艺术作品在绝大多数情况下都会使我们免遭此厄运。所以只举喜爱雕塑艺术的人通常会碰上的情况为例，就足以说明准确批判古代和现代艺术是多么必要，假使要想使它们能有用处的话。

就是一件出色的古代作品的拙劣的、毛病很多的复制品，对每一双虽未经过任何训练，但对美还是有感觉的眼睛，也总会有很大的效果，因为在这样一件复制品当中总是还保留了思想和形式的质朴和伟大，总之，还保留了就是很差的眼睛从远处也能看到的最普遍的东西。

人们可以看到，对艺术的强烈爱好总是由这些极不完美的复制品引起的。只是这种效应与对象没有关系，它激起的是一种昏暗的、不确定的感觉，而对象的价值和意义，这些正在成长中的艺术爱好者并没有看到。因此，这些人就总是发表这样的议论，认为过于精确的批判性的研究会破坏享受，他们全力反对承认个别的价值。

不过，如果随着体验和训练的增加，慢慢地让他们看到的不再是拙劣的而是出色的复制品，让他们看到的不再是复制品而是原作，那么他们的乐趣也会随着鉴赏力的提高而提高。所以，一旦他们终于看到了原作，看到了白璧无瑕的原作，他们的乐趣就会提高。

如果个别也像整体一样完美无缺，人们就乐于步入精确观赏的迷宫，人们就会知道，只有能识别短处才能看出长处。能把经过修复使原来的各部分恢复原状以后的作品同原作区别开来，能把复制品同原作区别开来，这是达到佳境的行家们的享受。是用模糊的感官去观赏一个拙劣的整体，还是用清晰的感官去观赏一个完善的整体，这中间有很大的区别。

谁如果多少算得上懂行，谁就应该追求最高境界！鉴赏不同于实际操作：因为在实际操作中，每个人立刻就会感到他的力量有限，然而，能够鉴别、能够欣赏的人却要多得多，甚至可以说，每个人如若能否定自己，能实事求是地对待对象，他如若能不是僵硬地、狭窄地固执己见，不是竭力要把自己那浅薄的偏见强加到自然和艺术的最高作品之中，都能做到这一点。

当然，要想真正谈论艺术作品，而且这种谈论对自己和别人都有益处，那就必须亲眼目睹这些艺术作品。观赏是一切的关键，另外非常重要的是，人们在使用言词来说明一部艺术作品时，自己的思想必须非常明确，否则别人读到这些言词就什么也想不起来。

总是有这样的情况，那些写文章谈论艺术作品的人总是泛泛而谈，他们的文章当然也会激发起人们的思想和感觉，甚至对全部的读者都会有这种作用，只是对那些手里拿着书本走到艺术作品跟前的人毫无帮助。

然而，正因如此，我们将来发表很多文章是激发读者的要求，而不是满足他们的要求。因为，这是最自然不过的了，他们希望立刻看到那幅被加以剖解的艺术作品，以便享受所说的那个整体，对他们读到的那些关于部分的看法进行判断。

文章的作者是为那些有的已经看过，有的将要看艺术作品的人而分析作品，因而他们也希望，不属于这两种情况的人也能尽可能去看作品。他们将会提到复制品，而且告诉大家，古代艺术作品的复制品，特别是古代艺术作品本身离德国人较近的收藏地点在哪里，以此来满足真正爱好者和艺术鉴赏家的要求。

一部艺术史唯有建立在最高的和最准确的艺术观念之上。只有当人们知道人类能创作出的作品当中最伟大的作品，才能描绘出在艺术中也像在其他领域所发现的按时间次序显现的心理过程。这个过程，先是以单调乏味的甚至是悲哀的有限的活动去模仿无意义的以及有意义的对象，随之对自然有了一种更加喜爱和更加亲切的感情，接着利用知识、规则、严肃和严格在有利的条件下把艺术提到最高水平，最后天才发现全部这些辅助手段就在自己周围，这些天才就创造出迷人的、完美无缺的作品来。

然而，令人遗憾的是，这种轻松愉悦地就创作出来的，并给人以舒适、快乐和自由的艺术作品，会使那些正在奋进的艺术家形成这样一种观念，好像创作也是一件很舒适的工作。因为艺术和天才所达到的表述的顶峰看起来是轻而易举的，这就刺激后来人不愿费力工作，创作只图虚名。

这样，艺术就从它已达的高度上慢慢地跌落下来，不论在整体上，还是在个别之中。然而，现在我们要想对此建立一个直观的观念，那我们就得下到各别的个别之中，这样做并不总是让人感到舒适和富于刺激，但为此而慢慢得到的弥补却是丰厚的，那就是对整体更加准确可靠的认识。

如果说，我们观赏古代和中古时代的艺术作品所得到体验证实了某些原则，那么我们在判断现代和最近的作品时就更需要这些原则。因为在评价活着的抑或刚刚过世的艺术家时很容易掺杂个人之间的关系、个人的爱憎以及公众的好恶，这样对当代人下评断就更需要有原则。这样的研究可以从两方面进行。减少主观任意性造成的影响，把问题提到更高一级的法庭上。人们可以检验原则本身以及对它的使用。如果这样做了意见仍然不能统一，那就把有争论的地方准确清楚地标出来。

我们衷心希望，活着的艺术家能以这种方法从容不迫地检验我们的判断，假使我们提到过他们的某些作品的话。在我们这个时代，每个无愧于艺术家这个称号的人，都必须由自己的创作和思考中发展出一套理论，即使做不到这一点，也得建立一套理论的必备手段，在有些情况下只有使用这些手段才能过得去。不过，总是发现，艺术家在这条路上把原则看做适合于他们的才华、适合于他们的倾向和喜爱的规则。他们遭受人类普遍遭受的一种命运。在别的部门，很多人不也是这么行事！然而，如果我们让我们心中想的东西只是轻松愉悦、舒舒服服地进行运作，那我们就不会成长发展。每个艺术家，像每个人一样，都只是一种单独的存在，他依赖的永远只是一个方面。因此，只要有可能，人就必须从理论和实践上接纳与自己的天性相对立的东西。轻松愉悦的人要力争严肃和严格，而严格的人要看到还有一种轻松愉悦的人，坚强的人要招人欢喜，招人欢喜的人要表现出坚强。总之，每个人看起来离他自己的天性越远，他的天性得到的培育就越多。每一种艺术都要求整体的人，艺术所能达到的最高程度就是完整的人性。

造型艺术的操作是机械的，因此艺术家的成长在他最年轻的时候理所当然总是从机械操作开始。这样，他在其他方面应该受到的教育就总是被忽略，而这样的教育对他来说理应比对别人更仔细认真，因为别人有机会从生活本身之中受益。比如说，社会交往不久就可以使一个粗俗的人知道礼貌，繁忙的生活使最坦诚的人也变得谨慎小心。文学作品通过印刷可以拥有巨大的读者群，因而到处都会遭人反对和斥责，与此相反，造型艺术家却大多把自己局限在一间寂静的工作室里，他几乎只同预订并花钱买下他的作品的那个人打交道，也就是说，只同一个总是只是凭病态的印象下评断的观众打交道，只同使他觉得不安的内行打交道，只同对任何新东西都大加赞扬的江湖骗子打交道，而他们用于赞扬的那些套语本来应该用于向最杰出的作品表示敬意。

我们这篇发刊词是到了该结束的时候了，否则的话，它就不仅仅是介绍刊物，而是抢先讲述刊物要讲述的内容。迄今为止，我们至少指明我们打算把哪一点看做出发点。至于我们能做到和将会做到什么程度，这要慢慢地发展。我们希望，不久也能讨论文学理论和文学批评的问题。我们在一般生活中，在旅行中，甚至在平时事件中碰上的情况也不应摒弃在外。所以，最后我们还得谈一下眼前的一件大事。

艺术作品到底收藏在什么地方，对艺术家的成长，对艺术爱好者的享受，从来就具有无与伦比的重要意义。曾经有过一个时期，艺术作品除了极少数移动了位置以外，绝大多数都存放在创作它们的原地。不过，现在却发生了巨大变化，这对艺术不论在整体上还是在特殊之中都带来了重要的后果。

今天，或许比任何时候都更有理由把意大利看做一个伟大的艺术博物馆，就如它不久以前还是的那样。假使能介绍一下这方面的情况，那立刻就可以看到，世界在现在这个时刻失去了什么，因为很多作品从这个伟大古老的整体中被强行夺走。

在掠夺过程中到底毁坏了些什么，这也许永远是个秘密，要在巴黎建立的那个博物馆几年以后才能开展。我们将向艺术家以及艺术爱好者介绍如何利用意大利和法国收藏品的方法，同时还将解答这样一个迷人而又重要的问题：其他的国家，特别是德国和英国，应该做些什么，才能在这个艺术宝藏散失的时代，以真正世界公民的精神——这种精神在艺术和科学中或许比任何别的部门更纯真——把散落各地的各种各样的艺术宝藏为大家所用，并帮助建立起一个理想的艺术博物馆，以弥补那些现在即使没有被掠夺也被毁坏的东西。

关于本刊的意图就一般地谈这么一些，真诚地希望能给予它严肃认真、善意友好的关怀。

格言选 ■

真正的智者问：这个东西本身的情况如何，它与其他东西有什么关系，而不关心用途，也就是说，不考虑这个东西在某种已知的和平时必需的东西上的应用。另外一些有才智的人，即思想敏锐、生活乐观、经验丰富、各门手艺精湛的人，会发现它的用途的。

假圣人总是企图尽快从每种发明中为自己谋利，他们想扩大私利，使它繁殖，使它改善，迅速地攫取它，有时干脆预先占有它，以求得虚名，但是由于如此不成熟，他们竟使真正的科学变得模糊、混乱起来，甚至使它的最美好的成果，即它的内在繁荣明显地萎缩。

最有害的偏见，是想使某种科学研究的方法蒙受魔力。

每个科学研究者都必须把自己视为科学评定委员会的一员。他的义务是细心观察所报告的事实完善到什么程度，怎样用各种论据支持报告。此后，他要简明扼要地总结一下他的看法，说明他的结论，无论他是不是同意报告者的意见。

无论是多数人附议他，还是他处于少数地位，他都要保持镇静，他做了自己该做的事，说出了自己的意见，就行了，他并不是才气横溢的人和感情丰富的人的主宰。

这种想法在科学界从来无效，对科学界说来，重要的是：什么东西占优势，占统治地位，因为真正独立的人是很少的，所以大众便把单个的人吸引到自己身边来了。

哲学、科学和宗教的历史表明，各种观点都传播得极广，但夺得优势的总是那种最明了的观点，也就是对一般天资最适宜、最容易的那种观点。不但如此，谁的教育水平高，他就能预见到他将遭到大多数人的反对。

如果大自然处在无生命的始初状态中不完全是立体的，它怎么能发展为不可估量、难以测度的生命！

作为自在的人，只要能支配其健全的感官，他就是一架世上有可能存在的最大最精确的物理仪器，现代物理学最大的灾难就在于它把试验和人分离开来，只想通过人造仪器的显示来认识自然，甚至以此限制和规定它的活动的可能性。

一切正是这样计算的。有很多东西的确是不可计算的，相同有很多东西不能拿来做精确的试验。

人之所以会站得这样高，是因为人的心里存在着任何地方都难以表现的东西。难道一根琴弦和它的力学方面的分布对于音乐家的耳朵来说不正是这样的吗？

甚至可以这样说：人先是应该制伏和限制大自然的一切基本现象，然后把它们同自己类比，难道这些现象和这样的人相比不正是这样的吗？

要使试验成为万能的工具，那是过分的要求。要知道，最初只是摩擦生电，而电的最高的现象现在是通过简单的接触发生的。

犹如谁也不会为法语是最完美的语言、是不断完善的宫廷和国际语言而去展开争论，谁也不会想到去贬低数学家对人类所建立的功绩，他们是用自己的语言来解释最重要的事实，他们善于整理、确定和解决在最高的意义上从属于数字和度量的一切。

每一个根据自己的日历和钟表观察问题的善于思考的人，都会想到这些善行应该归功于谁。然而，纵使我们以敬畏的方式使他们获得空间和时间，他们仍然会认为我们能感觉到某种远远超出这个范围的东西，这东西是属于全部人的，没有它就不可能有任何作为，这东西就是：理想和爱情。

“关于电人们知道些什么呢？”一个快乐的自然研究者说，“难道不是在黑暗中摸抚猫或碰上电闪雷鸣时就会想到电吗？不是总可以或多或少地知道它吗？”

黎希滕贝格的著作可以看做神奇的魔杖使用，他在哪里开玩笑，哪里就埋伏着问题。

他甚至在火星和木星之间广阔空泛的宇宙里为他的妙想找到了位置。当康德详尽地证明了上面提到的那两个行星耗尽一切，把只在这个空间存在的一切物质据为已有时，黎希滕贝格以自己戏谑的风格指出：“为什么不存在看不见的宇宙呢？”难道他没有说出确定无疑的真实情况吗？难道那些新发现的行星不是除了少数天文学家——对他们的话和计算我们当然是信而不疑的——此外，对整个世界上的人都是看不见的吗？

对新的真理有害的，莫过于旧的迷误。

每种现象都有无数条件，这些条件全是强加在人们身上的，所以人们不可能感觉到原始的那一个条件。

是超感观的音乐赋予音乐以可感知的音响。

“如果有人因为艺术模仿自然而藐视艺术，那么就可以这样回答：一切自然都是对某一其他事物的模仿，此外，艺术并不是模仿我们亲眼所见的事物，而是复归自然所依存所遵循的理性的东西。”

“此外，艺术自身也创造出不少东西，同时，艺术也因自身包括美而增加很多偏离完善性的东西。因此，菲迪亚斯才能雕出上帝的形象，虽然他根本不是根据视觉所看到的东西加以模仿，而是在精神上把握这个形象，只要他能显现在我们眼前，宙斯也会显现。”

古代和近代的理想主义者认为一切都来源于统一，一切又都必须复归于统一，我们不要因为他们强烈要求尊重这种统一而批评他们。要知道，创造生命和秩序的原则，在世上无疑是与一种难以摆脱的现象紧密结合在一起的。但是，如果我们强使构成形式的原则和最高的形式转入某种正从我们的外部感官和内在精神中消失的统一之中，那么我们就要从另一方面来约束我们自己。

一切人的命运，都是延伸和运动，一切其余的形式，特别是感觉的形式，全寓于这两种普遍的形式中。但精神的形式不可贬低，因为它显露在现象中时是有条件的：即它的显现总是在产生和发展了某种实际的东西之后。被发展的东西不少于它的发展者，甚至可以说，生动的发展的优点就在于被发展的东西优于它的发展者。

更详尽地阐明这一观点，使它变得显而易见，特别是使它完全变成实际的东西，想必意义十分重大。但充分可靠、循序渐进的阐述却要求听者聚精会神、专心致志。

凡属一个人的本性的东西，他无论怎样想法摆脱，也摆脱不掉。

我们西部邻人的最新哲学证明，一个人即使随心所欲地行动，也总要复归天性，整个民族也一样。如果这是由他们的天性和生活方式决定的，怎么会有别的情形呢？

法国人不承认唯物主义，而认为某些精神和生活是始初的东西，他们摆脱了感觉论，一致同意人的天性的奥秘之处都是自我的发展，以为天性具有创造的力量，从不把艺术中的一切解释为对外部世界的感觉。我希望他们坚持这种观点。

不可能有折中的哲学，唯有折中的哲学家。

一个从自己身边存在和发生的一切东西中接受那完全符合自己天性的东西的人，便是折中主义者，我们称为教育和进步的一切，无论在理论还是在实践上，也都如此。

如果两个折中主义哲学家生来就是敌对的，他们从哲学的一切传统中接受的都是符合自己天性的东西，他们就有可能成为势不两立的敌手。你只要环顾一下周围，你就会发现，每个人都是这样地行事，因此谁都不明白他怎么会不能使别人接受他的观点。

一个人到了高龄，能够历史地对待自己和同代人，以致跟谁也不会发生争执，——这样的情况是少见的。

只要细究，就会发现，即使是一个历史学家也不容易历史地看待他的著作：他总是把他写的东西看做他亲身经历的东西来对待，而不是把它看做曾经发生过和当时正在进行的东西来对待。就连编年史家也会或多或少地受到局限，反映出他的城市、他的修道院和他的时代的特征。

我们总是重复的古代的各种格言，都具有完全不同于后世人所赋予的含义。

我们说，不懂几何学的人，对几何学一窍不通的人，不能进入哲学家的行列，这并不意味只有数学家才能成为哲人。

对“几何学”，一般都理解为欧几里得最早提出的、每个初学者必须掌握的那些原理。后来，几何学便成了完备的训练，甚至成了哲学的入门。

如果一个男孩开始知道先有不可见的点，后有可见的点，知道两点之间以直线为最短，然后才用铅笔把它画在纸上，那么他就会感到很自豪，很愉悦。这不是没有道理的：因为在他面前展现出一个思想的源泉，思想和它的体现，“可能和事实”，他都明白了。哲学家并不向他揭示任何新的事物，因为一切思想的基础都已经由几何学家所奠定。

歌德大事年表

■

1749 年，8 月 28 日 ,1 岁，约翰 · 沃尔夫冈 · 歌德诞生在莱茵河畔的法兰克福城。

1756 年，7 岁，普鲁士王费里德里希二世进攻萨克森，七年战争开始。

1759 年，10 岁，法军占领了法兰克福城，城防司令多伦伯爵借住在歌德家中。

1764 年，15 岁，初恋小酒馆老板的女儿格丽琴。患病，康复。

1765 年，16 岁，去莱比锡，在大学法律系学习。写了大量的宫廷诗，又写了两部诗剧《共谋罪犯者》和《情人的脾气》。

1768 年—1769 年，19—20 岁，毕业回到法兰克福家中。出版《新诗集》。

1770 年,21 岁,去斯特拉斯堡深造法学,获法学硕士学位。结识"狂飚运动"理论家赫尔德尔，接受了时代先进思想，后来成为"狂飚运动"的主将。

1771 年，22 岁，回法兰克福做律师。开始构思巨作《浮士德》。创作诗剧《普罗米修斯》。发表德国第一部现实主义历史剧——《葛兹 · 封 · 伯里欣根》，表现了"狂飚突进运动"精神。

1772 年—1773 年，23—24 岁，去市中心罗马帝国时期建造的最高上诉法院深造，获法学博士学位。爱上了朋友的未婚妻绿蒂。

1774 年，25 岁，回到法兰克福。第一部发生重大国际影响的德国文学作品——书信体长篇小说《少年维特之烦恼》问世。向安娜 · 伊丽莎白 · 舍恩纳曼求婚。

1775 年，26 岁，应魏玛年轻公爵卡尔 · 奥古斯特邀请，移居魏玛公国。与夏绿蒂 · 封 · 施太因开始产生爱情纠葛，结束了青年时代。

1776 年，27 岁，任魏玛公国枢密顾问。公爵赐予花园别墅。研究矿物学和地质学。

1779 年，30 岁，任国防大臣和公共事物大臣，主持军事委员会会议。创作《伊菲格尼》，在剧中饰演奥利斯特。

1782 年，33 岁，任议会会长要职，被赐予贵族封号。

1783 年，34 岁，荣膺“阁下”称号，被赐予官邸大厦。

1784—1785 年，35—36 岁，发现人的颌间骨，研究植物变态学。

1786 年，37 岁，从魏玛首相职位上遁逃。隐姓埋名漫游意大利，画了很多画。

1787 年，38 岁，悲剧《哀格蒙特》脱稿。深入研究原始植物和植物界变态学说。

1788 年，39 岁，回魏玛，拒绝任职。与克利斯蒂安 · 乌尔皮乌斯相遇，产生爱情，同居。相识席勒。发表《罗马悲歌》。

1789 年，40 岁，完成《塔索》。

1790 年，41 岁，担任文化大臣。出版《浮士德》（片断）和《植物的蜕变》。赴威尼斯旅行，创作《威尼斯格言诗》。深入研究自然科学：光学、植物学、解剖学。

1791 年，42 岁，担任宫廷剧院委员会主席。写作《颜色学》。撰写论述光学的文章。儿子奥古斯特出生。

1792 年，43 岁，第一次走向战争。陪同公爵卡尔 · 奥古斯特来到法国境内的前线——勃列斯拉夫利军营。参加了瓦尔弥战役。对新时代的诞生作出评价。

1794 年，45 岁，与席勒结盟，在《季候女神》杂志上通力合作，成为知音。

1796 年，46 岁，与席勒合作讽刺诗《温和的赠辞》。完成长篇小说《威廉·迈斯特学习时代》。创作叙事诗《赫尔曼与窦绿苔》。

1805 年，55 岁，席勒病故。歌德病重，康复。

1806 年，56 岁，拿破仑军队进逼中德，法军占领魏玛。战乱中，克利斯蒂安用身体保护歌德的生命。歌德与克利斯蒂安举行同居十九年后的婚礼。悲剧《浮士德》第一部完成。

1808 年，58 岁，谒见皇帝拿破仑。开始创作长篇小说《威廉 · 迈斯特漫游时代》。继续写作《颜色学》。发表悲剧《浮士德》第一部。

1809年，59岁，长篇小说《亲和力》脱稿。

1812年,63岁,结识贝多芬。长篇自传小说《诗与真》第一卷、第二卷完成。

1814年，65岁，长篇自传小说《诗与真》第三卷脱稿。

1815年，66岁，魏玛成为大公国，歌德获大臣官衔。

1816年，67岁，妻子克利斯蒂安去世。

1817年，68岁，儿子奥古斯特结婚。《意大利游记》脱稿。

1819年，70岁，《西东诗集》完成。

1821年，72岁，长篇小说《威廉·迈斯特漫游时代》第一卷问世。

1823年，74岁，去马里耶马德，爱上了十九岁的姑娘乌丽莉卡·列文卓夫。

1824年，75岁，青年诗人海涅来歌德家拜访。

1825年，76岁，《气候学心得》出版。继续创作《浮士德》。

1827年，78岁，夏绿蒂·封·施太因去世。长篇小说《威廉·迈斯特漫游时代》第二卷完成。

1828年，79岁，大公卡尔·奥古斯特去世。

1830年，81岁，儿子奥古斯特在意大利去世。

1831年，82岁，伟大史诗——悲剧《浮士德》完成。

1832年3月22日，83岁，德国伟大诗人歌德在出生的时刻——中午十二时逝世。